Fernando Sabino

Zélia, uma paixão

EDITORA RECORD

Capa
Concepção: Dounê
Foto: Hélcio Toth, agência O Globo

Rua Canning, 22 apto. 703 — 22081 — Rio de Janeiro, RJ, Brasil.

DISTRIBUIDORA RECORD DE SERVIÇOS DE IMPRENSA S.A.
Rua Argentina 171 — 20921 Rio de Janeiro, RJ — Tel.: 580-3668

Impresso no Brasil

PEDIDOS PELO REEMBOLSO POSTAL
Caixa Postal 23.052 — Rio de Janeiro, RJ — 20922

Zélia, *uma paixão*

DO AUTOR

OS GRILOS NÃO CANTAM MAIS, contos, Pongetti, 1941; Record, 3.ª edição, 1984.
A MARCA, novela, José Olympio, 1944; Record, 3.ª edição, 1984.
A CIDADE VAZIA, crônicas e histórias de Nova York, O Cruzeiro, 1950; 6.ª edição, acrescida de *Medo em Nova York*, Editora Sabiá, 1969; Record, 8.ª edição, 1984.
A VIDA REAL, novelas, O Cruzeiro, 1952; Record, 8.ª edição, 1984.
LUGARES-COMUNS, dicionário, MEC-Cadernos Cultura, 1952; Record, 3.ª edição, 1984.
O ENCONTRO MARCADO, romance, Civilização Brasileira, 1956; Bachem Verlag, Alemanha, 1962; Du Fontein, Holanda, 1963; Luis de Caralt, Espanha, 1964; Souvenir Press, Inglaterra, 1967; Panther Books, Inglaterra, 1968; Círculo do Livro, 1985; Record, 60.ª edição, 1991.
O HOMEM NU, contos e crônicas, Editora do Autor, 1960; Círculo do Livro, 1978; Record, 31.ª edição, 1991.
A MULHER DO VIZINHO, crônicas, Editora do Autor, 1962; Record 15.ª edição, 1988.
A COMPANHEIRA DE VIAGEM, contos e crônicas, Editora do Autor, 1965; Círculo do Livro, 1977; Record, 10.ª edição, 1987.
A INGLESA DESLUMBRADA, cônicas e histórias da Inglaterra e do Brasil, Sabiá, 1967; Record, 9.ª edição, 1984.
GENTE I e GENTE II, crônicas e reminiscências, Record, 1975.
DEIXA O ALFREDO FALAR!, crônicas e histórias curtas, Record, 1976; 12.ª edição, 1987.
O ENCONTRO DAS ÁGUAS, crônica irreverente de uma cidade tropical, Record, 1977; 4.ª edição, 1984.
GENTE, crônicas e reminiscências, Record, 1979; 3.ª edição, 1984.
O GRANDE MENTECAPTO, romance, Record, 1979; Nova Nórdica, Portugal, 1984; Record, 40.ª edição, 1991.
A FALTA QUE ELA ME FAZ, contos e crônicas, Record, 1980; Círculo do Livro, 1986; Record, 15.ª edição, 1991.
O MENINO NO ESPELHO, romance, Record, 1982; edição especial, fora do comércio para MPM Propaganda, 1982; Record, 35.ª edição, 1991.
O GATO SOU EU, contos e crônicas, Record, 1983; 16.ª edição, 1990.
MACACOS ME MORDAM, conto em edição infantil, Record, 1984.
A VITÓRIA DA INFÂNCIA, crônicas e histórias, Editora Nacional, 1984.
A FACA DE DOIS GUMES, novelas, Record, 1985; 8.ª edição, 1991.
O PINTOR QUE PINTOU O SETE, história infantil, Berlendis & Vertecchia Editores, 1987.
OS MELHORES CONTOS, seleção, Record, 1987; 4.ª ed., 1987.
AS MELHORES HISTÓRIAS, seleção, Record, 1987; 4.ª ed., 1987.
AS MELHORES CRÔNICAS, seleção, Record, 1987; 4.ª ed., 1987.
MARTÍNI SECO, novela, Ática, 1988.
O TABULEIRO DE DAMAS, esboço de autobiografia, Record, 1988; 4.ª ed., 1989.
DE CABEÇA PARA BAIXO, relato de viagens, Record, 1989; 4.ª ed., 1990.
A VOLTA POR CIMA, crônicas e histórias curtas, Record, 1990; 6.ª ed., 1991.

I have lived with you the hour of your humiliation.

JOHN PEALE BISHOP
(De um poema para F. Scott Fitzgerald)

UMA aura de pureza, uma expressão de inocência infantil, principalmente quando crê que não está sendo observada. A menina que ela foi e que continua sendo. Sua seriedade não é de adulto: é de criança.

Ou de uma jovem que nasceu para namorar, casar, ter filhos, ser feliz. E de uma hora para outra se vê transformada numa das mais surpreendentes figuras de nossa vida pública.

De onde lhe vem este fascínio, que me leva ao desafio de escrever o romance de sua vida?

— Sou uma Cinderela às avessas — me disse um dia. Zélia, uma paixão: das pessoas por ela, dela pelo Bra-

sil. E por um homem, vários homens. Na minha fantasia, começam a desfilar inesquecíveis personagens femininas da literatura universal: Nastasia Filipovna, Ana Karenina, Molly Bloom... Só que Dostoievski, Tolstoi, Joyce eram gênios, capazes de gerar estas mulheres imortais usando apenas sua prodigiosa imaginação criadora. Flaubert chegou a afirmar no tribunal: Emma Bovary sou eu.

Não sou gênio e me vejo sob o sortilégio de uma singular criatura em carne e osso, brasileira, conhecida no país inteiro, a vida pessoal devassada pela imprensa.

Desde muito jovem, confessa-me ela, impôs a si mesma uma decisão: haveria de vencer, de conquistar a independência. Daí a impressão que costuma dar de arrogância, suficiência, pretensão. Uma de suas melhores amigas na Universidade, por exemplo, não a suportava, antes de conhecê-la melhor: achava-a petulante, sempre de nariz erguido. Quando no fundo ela se sente dócil e delicada. O que quer mesmo é carinho, é ser abraçada e protegida — os homens nem sempre perceberam. Nem por isso, diga-se de passagem, deixou de gostar deles, apesar de não terem sido das melhores certas experiências que teve com alguns. Seus namorados em geral a consideravam autoritária, o que dificultava a relação. Acha que as pessoas confundem autoritarismo com firmeza ou determinação.

O que ela própria não parece perceber é que sua integridade moral a faz vigilante, prevenida, desconfiada, impondo-lhe até certa compostura física. A elegância é sóbria e discreta, sem que o corte das roupas neutralize o contorno perfeito das pernas. É moderada nos gestos, ainda que os movimentos do corpo bem delineado e apenas aparentemente frágil tenham a elasticidade de quem anda a cavalo e pratica natação. Há nela qualquer coisa, a um tempo, de agreste e oriental. O olhar é suave, embora cauteloso. São doces os seus olhos castanhos, tirantes a verde ao entardecer. Deles emana certa sensualidade felina. Raramente uma risada se abre no rosto encimado por cabelos louros e crespos, largo e poderoso como uma iluminura renascentista. É contida até no sorrir (mesmo com o charme que lhe dá a ligeira separação entre os dentes da frente). As linhas angulosas da face e o tom meio morno da voz às vezes me fazem lembrar Clarice Lispector. Ouvindo em silêncio, concentrada, lábios cerrados, zigomas angulosos, costuma, como Clarice, assumir um ar precavido de loba à espreita. Cumprimenta as pessoas que não são de sua intimidade dando-lhes a mão com o braço estendido, como se quisesse mantê-las a distância. Com tudo isso, na verdade o que ela procura disfarçar é a timidez de uma alma cândida. Sente-se vulnerável e raramente se expõe.

Em compensação, quando baixa a guarda, é para valer.

Desvendar a alma dessa mulher será para mim enfrentar a esfinge com seu enigma: decifra-me, ou te devoro.

Flaubert então que me desculpe, mas fica estabelecido, para todos os efeitos deste livro, que Zélia Maria Cardoso de Mello sou eu.

I

AS LEMBRANÇAS da infância são amenas: o convívio com os primos na fazenda, correndo pelo pasto, tirando leite de vaca, andando a cavalo com Caio e Raulzinho. Os meninos faziam a gracinha de colocar debaixo da sela da prima um caroço de mamona com espinho para que o cavalo a derrubasse. Ela arrancava os arreios e montava em pêlo. Com Cassinho e Dadinho fumava às escondidas cigarros de xuxu. Muita brincadeira e muita molecagem de permeio: criança levada, peralta, pulava muros e subia em telhados, fazia toda espécie de travessuras.

Eram de vinte a trinta primos nas férias — meninas alojadas na casa principal e meninos em outra casa, apropriadamente apelidada de pocilga.

Mas nem tudo era brincadeira: Tia Nara e Tio Nico, donos da fazenda, combinando energia com doçura, faziam os meninos ajudarem os camaradas nas plantações de café e as meninas tinham de lavar louça. Zélia às vezes brigava com o irmão Emiliano, quatro anos mais velho e que era meio mandão. Tem com ele até hoje as melhores relações: tratam-se mutuamente com carinho — ela o chama apenas de Irmão e ele a chama de Doren (apelido de origem ignorada, mas, estranhamente, ela tem mesmo cara de Doren). Brigava também com Pedro Paulo — vê-se que já naquele tempo era brigona. Cláudio era seu fã e Regina, sua confidente. Desde então se beneficiava da influência de Luís Alberto e Joaquim Alberto, um pouco mais velhos.

Em Pirajuí ficava a casa de Tia Antônia, que costumava pôr a meninada de castigo (certamente com boas razões) e passava a conclamar, se fazendo de enérgica mas ternamente compadecida:

— Rezem, crianças, rezem!

Zélia sempre brincou mais com meninos do que com meninas: até futebol jogava com eles. Imagino-a magrinha e espevitada, pernas finas, rosto suado, camiseta colada ao corpo, correndo atrás da bola entre marmanjos. Mais tarde é que teve a sua fase de gordinha. Não era vaidosa, pouco cuidava da aparência — embora não tão desleixada como os meninos.

Tinha o hábito de falar sozinha, que conserva até hoje. Um dia a mãe, entregue às suas ocupações no segundo andar do casarão do Jardim Paulistano onde moravam, ouviu a menina, então com quatro ou cinco anos, falando sem parar lá embaixo no térreo. Com quem Zélia Maria estaria falando tanto? Intrigada, desceu para ver, e deu com a filha sentadinha no alto da cristaleira, onde havia subido por um banquinho, a conversar com a sua imagem no espelho.

Filha de imigrantes italianos, de sobrenome Castiglioni Martoni, D. Zélia, sua mãe, ganhou oficialmente o estranho nome de Auzélia por equívoco do escrivão, ao ser registrada: para todos os efeitos, prefere ser chamada de D. Zélia mesmo.

A filha que lhe herdou o nome, acrescido de Maria, desde criança lhe dava não poucas preocupações. Bons pretextos tinha a mãe para mexer nas gavetas e guardados da menina, ler as suas cartas e diários (razão pela qual Zélia deixou de fazê-los).

Ela própria reconhece que era "muito metida", devia dar trabalho mesmo. Começou a namorar muito cedo: estava com os seus onze ou doze anos quando lhe apareceu pela frente o Renê.

Influenciadas pelos Beatles e o *rock* em geral, Zélia e algumas amigas tinham um conjunto musical chamado *The Butterflies*, no qual ela, já naquela idade, tocava guitarra-base. Chegaram a apresentar-se no Ibirapuera, e até hoje não está muito certa se foram aplaudidas ou vaiadas — sendo que esta última hipótese lhe parece a mais provável.

Na casa de D. Natália, a vizinha, se reuniam aos sábados e domingos os rapazes que compunham outro conjunto musical: Toninho na bateria, Cláudio (Careca) no baixo, Beto na base. Depois dos ensaios, festa: Regina, Sônia, Nilo e o resto da turma.

Era um conjunto razoavelmente bom, para os padrões da época. Em especial para os da menina Zélia, ainda mais o *crooner* sendo Renê — motivo bastante para que ela se apaixonasse e fosse correspondida.

Só que Renê tinha 25 anos.

Como em outras de suas paixões desde então, esta lhe deu forças e poder de persuasão para convencer a mãe de que não devia ser causa de preocupação, não havia nada demais naquele namoro. Dona Zélia, ou por inata sabedoria, preferindo dos males o menor, ou simplesmente derrotada pelo cansaço, admitiu que a filha namorasse no sofá da sala, de dois lugares, sob sua vigilância, plantada na poltrona em frente. "Onde minha filha vai, tem de levar esse contrapeso", queixava-se. O que fez com que Zélia logo se cansasse do Renê e dele se afastasse.

Havia namorado antes Claudinho, um menino de Pirajuí. A mãe dele vivia com um homem que inspirava as maiores fantasias ao seu coração sempre apaixonado: era um turco bonito, "amigado", como se dizia na época, o que lhe dava tanto prestígio quanto o fantástico Mustang em cujo volante costumava circular. Só que se Renê tinha 25 anos, o turco já passara dos quarenta.

O interesse também neste caso foi mútuo: ele vinha a São Paulo especialmente para ver a menina, o pai ficava preocupado, a mãe se desdobrando para controlar senão a filha, pelo menos a situação:

— Presta atenção, minha filha: ele fala "pobrema".

Namorados à parte, D. Zélia tinha outros motivos de preocupação. A mania da menina de andar de bicicleta, por exemplo. Para Zélia, antes de ser uma distração ou um esporte, era uma afirmação de independência, um exercício do direito de ser sozinha. Montava na bicicleta e ia pedalando pelas ruas até os subúrbios, ganhava a estrada, saía literalmente da cidade, descobrindo lugarejos pitorescos, territórios e horizontes onde espraiava a sua fantasia, fundindo-a com a realidade. A mãe tinha mesmo de ficar aflita diante de tão freqüentes e prolongadas ausências.

Mas nada disso explicava o que acabou acontecendo com a gata de estimação. Doren e o Irmão se afeiçoaram a ela, quando a gata apareceu em sua casa, vinda não se sabe de onde — certamente do fundo da escuridão da noite de onde surgem os gatos. A estima que lhe dedicavam era tamanha que os dois fariam por ela qualquer sacrifício. Como naquela ocasião em que a bichinha quebrou a pata e de madrugada a levaram a um veterinário barateiro que em pouco tempo a deixou perfeita.

Tudo considerado, nada justificava (pelo menos que fosse do conhecimento dos dois) que a mãe um dia, sem mais nem menos, desse sumiço na gata.

O PAI, Emiliano Leopoldo Cardoso de Mello, carioca, formado em Direito na Faculdade Nacional do Rio de Janeiro, acabou delegado de polícia por acaso, sem que fosse esta a sua vocação. Era magro, calvo, de bigode — e bonito, na opinião da filha:

— Ele era um grande barato.

Faz questão de acrescentar que a mãe também é. Mas para uma moça, em geral as relações com a mãe são menos fáceis que com o pai. Segundo dizia um namorado seu, ele nasceu "para tirar sarro do mundo". Como delegado era liberal, generoso, compreensivo — o que se verificou mais ainda durante as perseguições aos jovens de esquerda pela ditadura militar. Procurou sempre ajudá-los, resolvendo seus problemas, livrando vários da cadeia.

Era de um senso de humor que se revelava em situações inesperadas. Um dia a filha estava na maior briga com o irmão e, enraivecida, acabou lhe atirando uma faca. O pai interveio, conciliador:

— Faca não, minha filha, faca machuca. Atira uma colher.

Descendente do Barão de Brasílio Machado e do Barão de Mambucaba, antigos latifundiários da região de Parati, durante a fase áurea do café no Estado do Rio, Dr. Emiliano arriscou quase toda uma herança no jogo: gostava de uma corrida e de um carteado. A filha também gosta de um joguinho — foi esta uma parte da herança que o pai lhe deixou.

Sua carreira de policial se iniciou em Santa Branca e Pirajuí, no interior de São Paulo. Era obrigado a perseguir bandidos em lombo de burro, já que a delegacia não dispunha de carro. A autorização para alugar um táxi tinha de vir da capital, e quando chegava — se chegava — o bandido já havia tomado rumo. Dr. Emiliano um dia resolveu alugar um carro por sua conta e risco, para perseguir uns assaltantes. No meio do caminho o carro caiu numa ribanceira, provocando-lhe uma lesão no braço para sempre.

Um pistoleiro que já fora preso por ele o havia jurado de morte. Onde quer que fosse, Dr. Emiliano recebia advertências: cuidado que o homem vai te matar. Um dia não suportou mais aquela situação e aceitou o desafio para um duelo. Pela primeira vez enfiou um revólver na cintura e, como Gary Cooper em *Matar ou Morrer*, se dirigiu ao bar principal da cidade, local do encontro fatídico.

Mas tudo não passava de conversa: o pistoleiro já nem era pistoleiro mais e o recebeu com a maior distinção, contando que estava regenerado.

Quando Zélia tinha 23 anos e começava finalmente a descobrir o pai, ele morreu — aos 65 anos, de enfarte.

Esta a razão pela qual, desconfio, passou a procurá-lo nos outros homens.

II

APESAR da companhia do irmão e dos primos, sempre se sentiu muito sozinha. Não se lembra nem mesmo de alguma amiga com quem tivesse em criança uma convivência mais intensa. Esta condição se refletia no que vivia escrevendo desde menina: poesias, diários e outras coisas, sem maiores pretensões literárias.

Ainda guarda algumas dessas "coisas", escritas aos quatorze anos e habilidosamente datilografadas em folhas de um caderno de espiral. São versos ingênuos, românticos, que falam de solidão, insegurança, incerteza, sofrimento e lágrimas. E do grande amor que sempre teve para dar.

Até ali, recebera uma educação extremamente tradicional: colégio de freira ou colégio conservador. Freqüentou Madame Poços Leitão, espécie de educandário de boas maneiras que havia em São Paulo, no qual as famílias de quatrocentos anos matriculavam os filhos para que aprendessem a dançar, a se comportar em sociedade.

De rigorosa formação católica, fez Primeira Comunhão e todos os domingos ia à missa com o pai, a mãe e o irmão, a pé, na Igreja Nossa Senhora do Brasil, que ficava perto de sua casa. O pai, durante toda a vida, jamais deixou de ir à missa aos domingos. A mãe não era tão assídua — depois que ele morreu nunca mais foi. Até hoje Zélia costuma de raro em raro freqüentar a mesma igreja: continua católica, embora sem o rigor de antigamente.

Nunca conviveu muito com os de sua idade: os companheiros ou eram mais velhos ou mais moços. No primeiro caso, buscava suprir com uma vida mais intensa a experiência que lhe faltava; no segundo, tentava recuperar algo que se perdera, ou que deixara de experimentar no passado. Com isso fez amigos em mais de uma geração, que se revezam até hoje no convívio com ela, cada um no seu lugar, a seu tempo e relacionado à sua época.

Alguns primos mais velhos tiveram grande influência na sua vida. (Um deles, José Roberto Arantes de Almeida, ex-dirigente da UNE, foi morto a tiros pelos agentes do DOI-CODI em São Paulo, o que a deixou muito abalada.) Conseguiram convencer os pais de Zélia de que ela devia estudar no Colégio de Aplicação — o que não foi fácil, pois sua família era superburguesa. E o Colégio, com os mesmos professores da Faculdade de Filosofia, era extremamente avançado, revolucionário mesmo. Foi uma revelação para ela. Pode dizer que sua vida se dividiu em antes e depois do Aplicação.

Garota tonta, meio alienada, não tinha a menor noção das coisas ao redor. Chegou ao colégio em 1968, no auge da agitação estudantil contra a ditadura. A primeira descoberta foi na área cultural: tomou conhecimento de valores que lhe eram completamente desconhecidos.

Uma das promoções do colégio consistia em levar os alunos ao teatro. Quando chegou a vez de sua classe, ao terminar a peça lhe perguntavam: gostou? não gostou? e ela não tinha comentário algum a fazer. Simplesmente não saberia dizer o que era aquilo (uma peça de Samuel Beckett).

De temperamento tímido, recatado, a princípio teve dificuldade em se enturmar. Sentia-se olhada pelos colegas como uma estranha: de formação conservadora, hábitos aristocráticos ou simplesmente meio bobinha. Os alunos promoviam debates, discussões, ela não entendia patavina. Sua reação foi tão forte que chegou a querer deixar o colégio. Os primos entraram em cena, convenceram-na a ficar. E acabou conquistando amigos que mais tarde reencontraria na Universidade, na vida pública. (Pérsio Arida, por exemplo: fizeram curso superior na mesma época, acabariam trabalhando ambos com Funaro.)

E havia também algo chamado "amor livre", assunto obrigatório nas conversas. Namorava-se muito naquele colégio. Os casais de estudantes provavelmente tinham suas primeiras experiências — cedo ou tarde acabavam transando, como já se dizia na época. Tudo aquilo para ela representava outro mundo, outra realidade. Ficava bem quietinha no seu canto observando, com ar assustado, mas no fundo fascinada.

Havia de tudo naquele tempo, inclusive teatro experimental, com interpretação de psicodramas. Um dia, era um domingo, participou na casa dos primos de uma representação amadora de um psicodrama, que depois a deixou profundamente deprimida, não se lembra exatamente por quê. Foi o que a levou à análise — que a partir de então passou a fazer, com algumas interrupções e três trocas de analista. Considera uma das melhores coisas que já fez na vida:

— Eu trazia dentro de mim uma espécie de ebulição que não podia mais suportar.

Existem pessoas que precisam de ajuda para lidar com certos problemas e pessoas que não precisam. Ela é das que precisam. Para o seu analista, a função que ele exerce é a do anfitrião numa festa, apresentando os convidados uns aos outros. Ele apresenta o paciente a vários aspectos de sua própria personalidade.

Mas ela não deixa de ter um juízo crítico em relação à Psicanálise, ciente de que o excesso de importância atribuída ao psiquismo leva a ignorar os fatores de ordem ética ou moral.

E às vezes os de ordem puramente somática, acrescento eu.

A mesma resistência ao radicalismo se manifestaria no campo de sua especialidade, quando ela insistia com seus colegas em que a Economia não pode ignorar os aspectos políticos.

COM o tempo, aquelas novidades foram-na envolvendo. Viu-se forçada a ler muita coisa de que jamais ouvira falar, como os romances de Hermann Hesse. E a *História da Riqueza do Homem*, de Leo Huberman — leitura obrigatória de esquerdista que se prezasse. Até então sua leitura se restringia a *Poliana* e outros livros semelhantes. O movimento de protesto dos estudantes logo a empolgou.

Sem que percebesse, naquele momento se insinuavam em seu espírito arrebatado de adolescente os primeiros germes de uma futura paixão pela causa pública.

Passou a participar diretamente das agitações: a briga da Faculdade de Filosofia com o Mackenzie, por exemplo, de conotação política, esquerda *versus* direita; a UPES (União Paulista de Estudantes Secundários) em luta contra a UNE; e as passeatas.

Começou a causar apreensão ao pai, então delegado do DOPS. A mãe ficava desesperada quando ela ia para as passeatas. Até hoje D. Zélia não pode ouvir falar em Colégio de Aplicação: foi lá que a filha aprendeu a fumar, tornou-se amiga de subversivos, maconheiros...

Diga-se de passagem, jamais experimentou maconha ou qualquer tipo de droga: dada a sua formação puritana, nessa e em algumas outras áreas afins sempre foi muito "careta".

Certa vez deixou o pai preocupadíssimo, "supondo" que ela saía de casa para participar de uma passeata amplamente anunciada. Uma colega a advertiu, quando chegou ao "ponto" onde o seu grupo devia se encontrar, segundo a estratégia adotada:

— Seu pai está na outra esquina te esperando.

Teve de dar uma volta enorme para se juntar à passeata. Voltando ao colégio, onde ia haver uma assembléia dos alunos, deu com ele na entrada à sua espera:

— Minha filha, isso é coisa que se faça?

Levou-a para casa, irritado: sabia como ninguém o perigo a que a filha se expunha.

O fato de ser ele do DOPS criava certa animosidade contra ela entre alguns colegas. Sem maior razão, pois sempre procurava ajudar os estudantes. Um companheiro, por exemplo, estava preso e, já casado, só podia receber visita da mulher uma vez por semana. Então Zélia ia com a mulher dele visitar o pai, que mandava vir o preso ao seu gabinete para que o casal se encontrasse.

Era a época das agitações políticas, mas era também a dos Beatles, Rolling Stones, Jovem Guarda, Roberto Carlos, o Festival de Woodstock: Janis Joplin, Santana, Led Zeppelin, Jimmy Hendrix, Joe Cocker, Joan Baez. E os Festivais da Record, Chico Buarque e Nara Leão cantando *A Banda*, Jair Rodrigues cantando *Disparada*, Geraldo Vandré, *Para Não Dizer que Não Falei de Flores*, Elis Regina nadando de costas em *Arrastão* de Edu Lobo, Wilson Simonal, *Quero Mocotó* de Erlon Chaves, Caetano Veloso, *Alegria Alegria*, Sérgio Ricardo atirando o violão no auditório.

Além da música popular, havia o carnaval, que ela adorava: "pulava" a noite inteira. Sua primeira fantasia foi de tirolesa.

Outras instituições caracterizaram a sua geração, do Simca Chambord ao chiclete Ping-Pong, do sorvete Chica-Bon ao hambúrguer com *milk-shake* (tomado no Chico Hamburger, a grande novidade da época). Domingo à noite, ninguém podia perder o Mingau Dançante no Clube Paulistano. E o ponto de encontro, para o que quer que fosse, era sempre embaixo do relógio Williams, do Conjunto Nacional.

Foram dois anos no Colégio de Aplicação — primeiro e segundo ano clássico. Não teve nenhum namorado, mas se apaixonou "teoricamente" por um professor que era casado e ia embora para a Europa.

Às vésperas de sua partida ela resolveu se declarar: pediu uma carona, entrou em seu carro e esvaziou pateticamente o coração. Ele teve o bom senso de convencê-la com delicadeza de que tudo aquilo era bobagem, coisa de adolescente.

III

UMA adolescente terrível, reconhece hoje: rebelde, revoltada, deixava os pais enlouquecidos. Brigava com todo mundo, malcriada, um horror. Passou por várias fases, inclusive a de *hippie*: bata indiana estampada, cabelos frisados, sandália de couro cru, bolsa a tiracolo. Não chegou a ser mochileira, mas viajava muito com o irmão, de carro, ficavam acampados. Passou também pela fase de pegar carona em estrada.

Foi então que se manifestou mais uma vez a sorte que sempre a acompanha — "uma senhora sorte", como ela própria costuma afirmar, com outro adjetivo. Tinha uns dezessete anos quando resolveu viajar de carona até o Rio de Janeiro com Arani, uma amiga de sua idade, para encontrar uns rapazes, ir com eles a Teresópolis. Não chegavam a ser namorados, eram "uma possibilidade". É claro que nem seus pais nem os da companheira de aventura sabiam das intenções das duas.

Pegaram uma primeira carona até determinado ponto do caminho — tudo bem: um homem sozinho, mas não chegou a importuná-las.

Na segunda carona a coisa se complicou.

Era um fusca. Arani entrou na frente e ela atrás. Alto, de bigode, com aquela cara de homem do interior, o dono do fusca começou a puxar uma conversa sem fim nem princípio. Ela olhava para a amiga, a amiga olhava para ela — não entendiam aonde ele queria chegar. Os três comeram sanduíches num restaurante da estrada, depois pararam num posto de gasolina, e o homem sempre naquela conversa esquisita, agora dizendo que tinha de passar num lugar ali, um ligeiro desvio, a gente ia seguir por dentro. Por dentro de onde? Ele não explicava direito e ia em frente. Entrou numa estrada estreita, completamente deserta, ainda bem que era dia, e de repente parou o carro.

Só então as duas começaram a desconfiar de que ali havia coisa. Mas tinha um passarinho ferido numa ponte logo adiante e o homem desceu do carro, foi até lá. Recolheu o passarinho do chão, fez o passarinho voar, entrou no carro de novo. As meninas ficaram mais tranqüilas: um homem que pára o carro para cuidar de um passarinho não pode ter más intenções. Seguiram viagem e ela começou a cochilar.

De repente acorda, sobressaltada: o carro estava de

novo parado e o homem fazia propostas obscenas a sua amiga. Arani reagiu, tentando em vão um tom irônico, de deboche, que o irritou. Aturdida, acabou abrindo a porta e saiu, afastando-se do carro. Zélia imediatamente saiu atrás. E viu pelo vidro traseiro que o homem também saltava do carro. Só que agora ele empunhava um revólver.

— Pára, Arani! — gritou para a amiga.

Nesse instante foi dominada por um impulso acima de seu controle — misto de indignação e senso dramático, que mais tarde voltaria a se manifestar em alguns momentos culminantes de sua vida. Avançou para o homem, ignorando o revólver:

— Qual é, companheiro? Gostaria que fizessem isso com sua filha, sua mulher ou sua mãe?

Disparou a falar, inflamada — apelou, chorou, imprecou, exortou, praguejou: ele podia até matá-las, se quisesse, mas o fato de pedir carona não queria dizer que não fossem duas moças decentes, e sobretudo inexperientes (o que, além do mais, infelizmente era verdade). O homem ouvia boquiaberto. Está bom, disse apenas, guardando o revólver e entrando no carro. Deixou as duas na cidade mais próxima e foi embora sem uma palavra.

Por precaução, fizeram de ônibus o resto da viagem. No Rio encontraram os tais rapazes, foram juntos para Teresópolis, mas as duas estavam tão traumatizadas que dormiram num lugar, eles noutro, voltaram de ônibus e Zélia nunca mais na vida pediu carona a ninguém.

TIDO como subversivo, em 1970 o Colégio de Aplicação foi praticamente desativado. Ela voltou ao Liceu Eduardo Prado, onde fizera alguns anos de ginásio, agora para completar o clássico. Ao mesmo tempo começou a seguir o cursinho do vestibular.

Havia um grupo de colegas com quem passou a conviver: os do Eduardo Prado, Dora, Raul e Lia; do cursinho, Cláudio e Celso Pinto (hoje correspondente da *Gazeta Mercantil* em Londres, considerado por ela um dos melhores jornalistas econômicos do Brasil). Colégio de manhã, cursinho à tarde — à noite, namoro e boemia, com esse grupo, e mais o irmão com seus amigos Mário, Wolf, Paulo Sérgio e sempre os primos Cassinho, Pedro Paulo e Caio: chopinho, violão e cantoria até de madrugada.

A turma da sinuca não era só de homens: além dela, jogavam também a Rosinha, namorada do Emiliano, e Maria Lúcia, irmã do Artur.

Fosse que hora fosse, festa acabada iam comer um sanduíche no Lareira's Burguer da Rua Pamplona.

O pai costumava dizer:

— Minha filha pertence a uma seita religiosa que proíbe chegar em casa antes de quatro da manhã.

Às seis e meia a mãe invadia o seu quarto, abria a janela, arrancava as cobertas, jogava-lhe água no rosto e a tirava da cama para ir à aula.

Teve então o seu primeiro grande amor: Evaldo, também professor, como o outro dez ou doze anos mais velho. Mas desta vez foi amor correspondido. Namoraram durante um ano e meio. Ele tivera paralisia infantil, que lhe havia afetado uma das pernas, apoiava-se numa muleta.

A partir de setembro todo o grupo entrou para a Universidade.

Alguns para estudar Economia, outros Sociologia, Ciências Políticas, Engenharia, Medicina.

Ela começava a descobrir a vida — e também, como sempre, havia vários primos de permeio. Quase todos continuariam seus amigos pela vida afora. Alguns se casaram pouco depois, hoje estão por aí com filhos de treze, quatorze anos.

— O que não aconteceu comigo — comenta ela, com um sorriso conformado. Ou inconformado.

Fez com o namorado várias viagens de carro: iam sempre a Parati, foram até Santa Catarina. Dormiam juntos no mesmo quarto, às vezes na mesma cama, e o que parecerá espantoso nos dias de hoje: nada acontecia. Continuava uma jovem inocente.

Em termos, evidentemente.

Em janeiro de 1971 decidiram se casar. Evaldo chegou a falar com o pai dela.

— Tudo bem, se quer casar, casa — disse ele.

Não manifestou apreensão pelo fato de ter a filha apenas dezessete anos: ''mais vale casar-se que abrasar-se'', poderia mesmo concluir, inspirado numa epístola de São Paulo Apóstolo.

Casa, não casa, ela de sua parte vacilava. As coisas começavam a se embaralhar na sua cabeça. Tudo agora lhe parecia esquisito, aquela indecisão: era um namoro difícil, complicado, será que daria certo? É verdade que nunca pensou em casamento para valer, na igreja, com véu e grinalda. Era contra esses comportamentos burgueses. Pretendia apenas ''dar uma casadinha'', morar junto — não mais do que isso. Acabou desistindo.

Continuava convivendo com os primos, viajando com eles durante as férias. Numa das vezes que foram a Parati, eram cinco num fusquinha: Evaldo e ela; seu primo Luís Eduardo, Dadinho; outro primo, Cassinho, com a namorada Maria Lúcia (hoje estão casados, com dois filhos). Durante vinte dias os cinco dormiram no mesmo quarto numa pensão barata. Todos já haviam pedido dinheiro aos pais várias vezes, não tinham mais crédito. Então decidiram voltar. No caminho o dono de um restaurante da estrada a quem pediram que preparasse o último pacotinho de sopa de que dispunham lhes serviu de graça uma bela macarronada. Era de Araraquara, como Dadinho:

— Se um dia acontecer isso com meu filho, espero que ele encontre um cara feito eu.

Chegaram a Angra tarde da noite. Resolveram seguir viagem, desistindo de acampar ali, mesmo depois de armar a barraca que haviam tomado emprestada com o primo Joaquim Alberto.

Eram cinco horas da manhã quando a gasolina acabou. Mal deu para chegar até um posto. Tiveram de pedir ao primeiro freguês a ''gentileza'' de lhes pagar uns poucos litros de gasolina suficientes para ir até Taubaté.

Passando por Aparecida, visitaram a igreja cheia de romeiros. À saída, Evaldo mostrou-lhes a muleta que usava:

— Hoje deixei a outra. Da próxima vez deixarei esta aqui.

Os peregrinos, muitos de muleta eles próprios, se benziam, emocionados.

Em Taubaté Zélia se lembrou de procurar Dr. Ivair, amigo de seu pai. Tocou a campainha dele às sete da manhã. Foram acolhidos com generosa hospitalidade: o dono da casa não só permitiu que todos, um por um, tomassem banho em seu banheiro como lhes serviu um lauto café da manhã e emprestou dinheiro para prosseguirem viagem.

É de imaginar o investimento que aquele empréstimo significaria para Dr. Ivair, se pudesse adivinhar o que viria a ser dali a vinte anos a *hippie* bem-falante que tinha diante de si.

IV

DESDE menina queria ser independente. Seu pai não era rico mas tinha como sustentá-la, pagar-lhe os estudos: ainda assim, já aos quatorze anos ela havia resolvido não depender mais dele nem precisar lhe pedir dinheiro.

A única ocupação que poderia assumir naquela idade era de vendedora. Descobriu nos anúncios de jornal um aparelhinho, invenção de japonês, que, ligado na tomada e encostado à sola dos pés, vibrava como uma espécie de massagem.

Só conseguiu vender um: para o próprio pai.

Saiu vendendo outras coisas, o que aparecesse, fazendo uma porção de "trabalhinhos". Aos dezessete anos começou a trabalhar de verdade, já estudando no cursinho: foi ser assistente de secretária de uma prima que dava aula de línguas.

Seu aprendizado de língua estrangeira foi relativamente bom: francês e inglês. A avó por parte de mãe era italiana, na sua família costumavam falar italiano, o que lhe deu certa familiaridade com o idioma.

Não foi criada vendo televisão: por influência dos pais, foi criada lendo livros. No cursinho apresentaram aos alunos uma lista de trezentos livros na qual deveriam assinalar os que já haviam lido. Ela assinalou duzentos e cinqüenta. Eça de Queiroz, Machado de Assis, Camões, Fernando Pessoa... Nunca mais esqueceu o poema "Tabacaria":

> "Não sou nada,
> Nunca serei nada.
> Não posso querer ser nada.
> À parte isso, tenho em mim todos os sonhos do mundo."

E Carlos Drummond de Andrade, que até hoje costuma reler. E Thomas Mann: *Os Buddenbrooks*, *A Montanha Mágica*, *Morte em Veneza*. E Dostoievski. E Tolstoi. E os brasileiros: José Lins do Rego, Gilberto Freyre, Graciliano Ramos, Dionélio Machado. Começou a ler Guimarães Rosa e parou, não foi adiante — mas me promete fazer um dia nova tentativa. Agora que terá mais tempo pretende também ler o meu amigo Rubem Braga, que conhece pouco, sente que vai gostar. O livro de Jorge Amado que mais a impressionou foi *Os Subterrâneos da*

Liberdade — talvez devido à época em que o leu: durante a sua militância esquerdista.

E, modéstia à parte (ou modéstia às favas, como ela costuma dizer), leu também Fernando Sabino. Há pouco tempo, relendo *O Encontro Marcado*, reviveu as afinidades que na época a identificaram com o personagem. Ela e o irmão também tiveram na infância uma galinha. O nome dela era Codeco. Um dia comeram Codeco ao almoço, o que foi muito triste. E ainda menina, em Pirajuí, nas noites claras da fazenda, no terreiro de café, deitada num dos montes de grãos cobertos de lona, também costumava ficar horas e horas olhando as estrelas e buscando Deus, mergulhada no infinito do céu e de si mesma. Mais tarde, em plena juventude, como o "não analisa não!" dos jovens no romance, a turma dos primos tinha uma palavra de ordem exigindo decisão imediata. Ante qualquer vacilação em questões tanto de amor quanto de trabalho, estudo ou simples farra, alguém logo cantava a frase-chave:

— Tem que assumir!

Dentro do mesmo espírito, seu gosto pela aventura a levou mais de uma vez no dia 31 de dezembro a se meter num carro com o irmão e os amigos e deixar São Paulo, para assistir no Rio à entrada do Ano Novo. Sem dinheiro algum, ficavam pela praia, vestidos de branco, participando dos festejos, apreciando o foguetório. Depois iam de bar em bar ou de festa em festa, confraternizando com os cariocas e filando um chope aqui e ali, para acabar dia claro dormindo sobre toalhas na praia mesmo ou até na Floresta da Tijuca.

Ao acordar, de olho no café da manhã, sempre havia a casa da tia de um deles a visitar, gente fina, muito chique, meio espantada com aqueles *hippies* que haviam baixado ali por descuido, mas sobrava sempre um suquinho, eles agradeciam muito, e se mandavam de volta para São Paulo.

Numa dessas viagens, com sua amiga Mécia, Paulo Sérgio e a namorada, Mário e Wolf, Mécia namorou Wolf, ela namorou Mário "um pouquinho". Como não havia música no carro, foram cantando de São Paulo até o Rio sambas de Noel Rosa, cujas letras ela sabe todas de cor. Ao fim, eles próprios não agüentavam mais.

Para variar, e ninguém viesse a dizer que faltava certo cunho cultural em seus passeios, fez com os amigos uma viagem também a Minas Gerais, cumprindo o roteiro de Ouro Preto e demais cidades históricas. Que, aliás, revisitou recentemente, na honrosa companhia do Grande Mentecapto.

AOS dezoito anos passa a registrar num caderno os impulsos incontidos de seu coração apaixonado, em geral por um namorado, nem sempre o mesmo, às vezes inexistente:

"Você seguiu seu caminho e eu o meu. Hoje, nesta cidade que todos conhecem, e neste tempo em que todos vivem, te procuro e não te encontro. E não há mais amor. Estamos irremediavelmente sozinhos."

Inesperadamente uma veia espirituosa se manifesta em versinhos de uma ''letra de tango'':

''Meus cabelos de cachinhos
Escorrendo pelo rosto
De amor tão verdadeiro
Eu chorava pelas ruas
Deste Rio de Janeiro.''

E vai por aí afora, para terminar assim:

''Sua sala azul-prateada
Com tapete de bolinha
Abraçou a minha dor
Deixei um broche de vidro
Como prova de amor.''

Mais adiante transparecem os primeiros sinais da futura economista, num ''Demonstrativo de Lucros e Perdas'':

''Ativo:
Algumas roupas novas
Uma máquina fotográfica
O direito de votar
O direito de dirigir
O direito de olhar para fora do meu quarto, para fora da minha janela
Meu bem querer. Meu amor por você...''

Quanto ao passivo, limita-se a escrever e depois riscar:

"Passivo:
A obrigação de ser."

Uma prova de que a opção pela Economia nada interferiria nas coisas do amor está num "Tema Matemático":

"Incógnita primeira de uma equação simples de 2º grau, te encontrei numa noite de sonhos maiores que zero. A outra raiz cuidadosamente escondida entre sinais positivos e negativos ainda não equacionados. Função exponencial dos meus sentimentos onde a base é meu amor e o logaritmo resultante continua escondido. A combinação simples de nossos encontros um a um tem como resultado a saudade. Resultado perpétuo do limite do meu amor. Derivada primeira da equação de minha cabeça. Integral constante que já está dentro de mim. Subconjunto de meu universo interior. Trapézio de minha alma, base do meu afeto. Sistema de equações simples de 2º grau, agora começo a extrair a raiz tão bem escondida."

Interessou-se por um rapaz, sem que seu interesse fosse correspondido. Não teve dúvidas — escreveu-lhe uma carta, de que ainda guarda o rascunho, e que não se lembra se chegou a mandar:

"Tendo constatado a impossibilidade de lhe falar pessoalmente, ou mesmo, numa perspectiva mais simples, por telefone, resolvi utilizar este instrumento tão *démodé* — a carta — para me comunicar com você. Aliás, nesses dias tão corridos e às vezes até malvividos, o hábito de escrever deveria ser realizado; no nosso caso, por exemplo, poderia contribuir para o nosso conhecimento, que por outros meios tem sido tão difícil.

Bem, justificada a existência da carta, o 1º passo é saber como você está passando, se está bem feliz; o 2º passo é saber coisas mais rotineiras, tais como o que tem feito, como vai o curso, o colégio etc. O 3º passo seria lhe falar de mim, mas, como não há nada de especial ou de novo, poderia dedicar o resto do papel, tempo e caneta, para escrever alguma coisa que o distraísse enquanto você está no ônibus (você está no ônibus?). Porém eu não sou ótima em humor. Como você vê, aos poucos vou lhe dizendo no que não sou ótima. Continuo à sua disposição para eventuais consultas ou empréstimo de livros (sem "ar" profissional porém com o intuito de lhe dar alguma contribuição).

Fora isso, você tem quase tudo que precisa para se comunicar comigo: telefone, endereço, CEP, bairro, cidade, Estado. E uma boa receptividade. Aguardo notícias.

Saudades da Zélia.

P.S. Estou a fim de te ver. Z."

Entrando um pouco na área da Psicanálise, ela acredita que um processo mental qualquer, cuja origem não sabe definir, a fez distanciar-se da família. Gostaria de ter-se aproximado mais cedo do pai, da mãe, do irmão. Assim escrevia em seu caderno a 9/8/72:

"Como eu andei depressa esses anos todos, como vivi longe de casa apesar de nela estar morando. E de ver todos os dias esses rostos tão queridos. Todos maravilhosos. Porque isso eles são. Mas a realidade é essa tortura.''

Rebelde sem causa, ela se vê então possuída por uma angústia difusa, comum na adolescência — tomada de assalto pelo que Unamuno chamou de ''*sentimiento trajico de la vida*'':

''A vida foi sempre uma lição e cada vez mais será. E eu continuo aprendendo. Hoje mais do que nunca meus dezoito anos me parecem quarenta. Não há muitas possibilidades de retorno. E se meu caminho é esse, então que seja seguido. E cumprido. A vida continuará a dar suas incríveis voltas. Vai ser cumprida. Mais uma vez sei que a vida se cumprirá integralmente e não há chance para quem não sabe disso.''

V

O ASSASSINATO do primo José Roberto pelas forças de repressão a envolveu de maneira inesperada: em companhia do irmão dele, o Dadinho, foi chamada para fazer o reconhecimento da foto do cadáver. Não conseguiram sequer olhar um para o outro, de tanta emoção: olhos no chão, se limitaram a assentir com a cabeça.

Talvez tenha sido esse o momento de sua opção pela vida pública. Os que se engajavam na luta armada acabavam morrendo, e era preciso sobreviver para mobilizar a revolta em favor da transformação da sociedade através dos meios que a própria sociedade lhe desse.

Para isto, desde 1971 estudava Economia na Universidade. Não por vocação, mas por influência dos primos mais velhos, como sempre. Alguns, como João Manoel e Luís Alberto, eram economistas. A Economia andava na moda. E ela, agora aluna displicente, relapsa, sem mais nada daquela menina estudiosa dos tempos de colégio, simplesmente seguiu a moda.

Em 1973 entrou em verdadeira crise existencial. Começou a se envolver em militância política, e decidiu que não queria mais ser economista, preferia ser fotógrafa.

De posse de uma câmera, saiu por aí fotografando. Montou um laboratório em casa e ela própria revelava suas fotos artísticas. Pelo menos acreditava que fossem artísticas, pois fotografava artistas.

Era fã de vários cantores, admiradora ardente de Maria Bethania. Assistia todas as noites ao seu *Rosa dos Ventos* na temporada em São Paulo, sabia de cor o espetáculo inteiro. Não perdia as apresentações de Vinícius com Toquinho — fotografava tudo.

A paixão pela música popular vinha de longe. Ainda se lembra daquela noite em que um tio, carioca e ultraboêmio, tocou a campainha de sua casa às quatro da madrugada, assustando todo mundo. Seu pai foi abrir e deu com o primo-irmão segurando alguém pelo braço:

— Zélia Maria não gosta do Baden Powell? Pois eu trouxe o Baden Powell para ela.

A menina foi tirada da cama e ficou até dia claro ouvindo, fascinada, Baden Powell tocar violão. Ousou mesmo tentar tocar também seu violão para ele. E inspirou-lhe um poema que falava na "menina de treze anos", "Zélia Maria com seu violão", "despertando grande emoção", coisas assim.

Com a atividade de fotógrafa, foi deixando de lado a Faculdade, tornou-se autodidata. Voltava-se para outros interesses, quc nada tinham a ver com Economia. Vivia lendo livros sobre arte fotográfica, estimulada pelo irmão, que tinha a mesma mania.

Levada por suas novas convicções políticas, passou a outras leituras, misturando Karl Marx e Trotski com John Maynard Keynes, então muito citados mas pouco lidos. E em seu caderno de anotações encheu várias páginas sobre a vida e o pensamento de Lenin.

Atravessava então uma boa fase na sua vida. Menos nos estudos. Cursava à noite o terceiro ano e foi reprovada em quase todas as matérias: ficou em oito dependências. Chegou a pensar em abandonar a Economia. O que gostaria mesmo era de estudar música, tornar-se cantora. Nunca conseguiu, e até hoje pensa em realizar este sonho. Sempre que pode, ouve música , tanto popular como clássica, na aparelhagem de som de sua casa, em discos, CDs e fitas que ela mesma grava: de Mozart a Eric Satie, de Billie Holiday a Chico Buarque, dos Beatles a Nat King Cole — tem de tudo, e do melhor.

Mas tem também Carlos Gardel, que costuma ouvir até hoje, desde os tempos de menina: certa madrugada acordou o quarteirão inteiro, tocando em seu quarto um tango com o amplificador ao máximo de volume, para abafar uma festa do irmão no primeiro andar.

E não vale esconder que — não fosse ela paulista — tem também Sérgio Reis (cantor de quem eu nunca ouvira falar), ídolo da música caipira, intérprete de um célebre *Menino na Porteira* e certo *Pinga ni Mim*, cuja letra ela sabe cantarolar.

Não me espantaria se atrás dos discos de Johann Sebastian Bach eu encontrasse os de Chitãozinho e Xororó.

Trata-se de uma brincadeira, é claro — brincadeira com que me divirto à custa dos meus melhores amigos de São Paulo, desde os tempos de Mário de Andrade, que tinha um ensaio sobre o "samba rural paulista".

— Que diabo vem a ser isso? — eu lhe perguntava, fingindo-me sério.

Existe certa conotação rural, tanto em Adoniram Barbosa com sua *Saudosa Maloca*, como no gênero regional, folclórico ou lá o que seja das canções de Inesita Barroso. E que transcende os limites da música popular, impregnando o espírito do próprio paulistano, em geral manso e de educado convívio como a gente do interior. Diferente do senso de humor malicioso do carioca, velhaco do mineiro ou malemolente do baiano, o do paulista é singelo e saudável, remontando às anedotas de Cornélio Pires e às comédias de Mazaroppi. Parte da autenticidade de Zélia se enquadra nesse espírito, em decorrência do teor fundamentalmente paulista de sua formação.

Em São Paulo se dá uma integração da província com a capital sem semelhança em outros Estados do Brasil. O paulistano está sempre indo visitar o Jeca Tatu em Pindamonhangaba, Caraguatatuba, Piracicaba, Araraquara, Guaratinguetá, onde nasceu e sempre passou as férias. No caso de Zélia, as funções na vida pública a impediram de voltar com freqüência, como gostaria, à Pirajuí da sua infância. Mas nem por isso perdeu certa conotação campestre, ou caipira mesmo (no melhor sentido da palavra, se é que o tem), que faz parte do encanto de sua personalidade.

Numa das últimas vezes em que estivemos juntos, ela estava de partida para lá: ia visitar a fazenda de uma tia, que há tempos lhe deu de presente uma égua. Nunca pôde ir buscá-la. Desde então a égua já teve dois potros — que certamente também lhe pertencem. Caso pretendesse trazer os três animais para São Paulo, não chegou a me dizer se os levaria para o apartamento onde morava ou para a casa de dois quartos onde passaria a morar.

Realizava-se na fazenda um leilão de cavalos. Ao chegar, diante da multidão que aplaudia, ficou na dúvida se os aplausos eram para ela ou para uma égua que acabava de entrar no picadeiro. Um casal ia saindo — reconheceu o turco com sua mulher, o mesmo que pretendera namorar quando menina. Se na época já era velho para ela, agora parecia muito mais. Zélia lamentou que estivessem de partida:

— Eu vou mas *vorto* — disse ele.

"Não precisa *vortar* não", pensou ela, alarmada.

OUTRO exemplo da sorte que sempre a acompanha se deu em 1975, no auge da repressão pela ditadura, quando recomeçaram as prisões.

Ela agora, aos 22 anos, era comunista de verdade, registrada no Partido, ativista, com codinome e tudo mais. A célula que freqüentava caiu, e os presos eram torturados, alguns desapareciam para sempre. Sabia que em questão de dias chegariam a ela. Tendo viajado com o namorado no fim de semana, ao regressar, domingo à noite, foi advertida pela empregada:

— Estiveram aí uns homens te procurando.

Ficou apavorada: chegou minha hora, concluiu, sem saber o que fazer nem onde se esconder.

No dia seguinte seria salva pela desgraça alheia: a morte do jornalista Vladimir Herzog, torturado nas dependências do II Exército. A repercussão foi tamanha que os militares suspenderam as prisões.

Em 1975 acabou se formando, passou no exame para o curso de mestrado, mas preferiu trancar matrícula, ao conquistar o primeiro lugar num concurso para trabalhar na CECAP (Companhia Estadual de Casas Populares). Fez ali grandes amizades, que até hoje mantém: Naila de Freitas Castro, Pedro Paulo Branco, José Max Reis Alves. Os arquitetos Altamir Tedeschi, Julinho Artigas e Douglas Calder, de quem ficou amiga na mesma ocasião, mais tarde viriam a colaborar nas reformas que vem fazendo em sua casa. "Casa de bonecas", como ela mesma diz, mas reformada com gosto e desvelo.

O engajamento político afetou-lhe a vida de maneira diversa, em 1977, quando estava para ser contratada como professora de História da Economia da USP. O contrato nunca mais saía, por causa da exigência de um atestado ideológico, e na ficha da polícia constava sua condição de comunista. O pai havia morrido, mas graças à interveniência da mãe junto a um amigo dele no DOPS, em cujas mãos o processo fora parar, seu atestado acabou liberado, não sem antes a submeterem a um interrogatório formal.

Sua vida profissional ia-se firmando: seguia o curso

de mestrado e doutorado pela manhã, lecionava à noite. Boa professora, preparava cuidadosamente as aulas para os seus 88 alunos — alguns mais velhos do que ela: tinha então 24 anos. Era considerada por eles em geral muito rígida, disciplinada e mesmo arrogante — o que talvez decorresse de uma atitude defensiva de sua juventude, consciente da própria fragilidade. Mas lecionar era também influir para a transformação da sociedade.

Segundo a dialética aprendida nos estudos marxistas, ela havia começado pela tese, que fora a sua vida familiar e burguesa até os quatorze anos. Dos quinze aos vinte, passou à antítese, na fase contestatária, contra a tradição, a família e a propriedade. E chegou finalmente à síntese: o exercício de uma atividade profissional que lhe permitisse contribuir para o bem-estar de nosso povo.

Decidiu dedicar-se de corpo e alma à tese de doutorado, altamente especializada, trabalhosíssima, sobre a economia paulista no século passado: "Metamorfoses da Riqueza — São Paulo, 1845-1895." A epígrafe por ela escolhida, de Fernand Braudel, exprime bem o seu posicionamento não apenas em face da História, mas da vida e do mundo:

"O problema da História não se situa entre o pintor e o quadro, nem sequer — audácia que teria sido considerada excessiva — entre quadro e paisagem, mas antes na própria paisagem, no coração da vida."

A apresentação da professora Alice Piffer Canabrava, de quem recebeu grande influência, faz justiça aos seus predicados de aluna e de mestra:

"Sua vocação desabrochou desde cedo, nos trabalhos de monitoria junto às disciplinas de História

Econômica do Brasil. Em seu anseio de conhecimento histórico, foi espontaneamente atraída pelos manuscritos, os documentos que instruem a memória do passado, e dominou logo as dificuldades inerentes às antigas formas de escrita e de linguagem. Leu muito os grandes autores, das mais diversas correntes do pensamento historiográfico, dando largas às suas inquietações teóricas. Freqüentou outros cursos referentes a disciplinas das Ciências Humanas não contempladas no currículo das faculdades de Economia. Enfim, seu fascínio pela História moveu-se num quadro amplo de motivações que se mantêm vivas.''

Foi Alice Canabrava quem primeiro lhe ensinou que a verdade deve sempre prevalecer, vindo ao encontro de uma compulsão que Zélia trouxera da infância, e que sempre teve como paradigma — o que na vida pública não deixa de lhe criar certos embaraços: a de dizer sempre a verdade.(O Embaixador Marcos Azambuja, seu amigo, acredita que ela dificilmente poderia ser diplomata, carreira em que se pratica, entre outras, a arte de não dizer a verdade.) Alice havia morado em Londres e gostava de tomar como exemplo o caso de uma mãe inglesa que, tendo sonegado a verdade ao filho, alta noite o acordou para se retratar, contando-lhe tudo.

É o que Zélia vem fazendo ao longo da vida. Inclusive neste livro.

VI

CONTINUAVA tentando realizar o seu desejo mais intenso: encontrar alguém a quem pudesse oferecer o coração, entregar-se de corpo e alma, dar-lhe todo o amor de que era capaz. A necessidade de afeição sempre a submeteu a essa constante procura.

Por isso foi tão conturbado o namoro com Mauro, médico ginecologista e obstetra, trinta anos mais velho, desquitado e com quatro filhos. Iniciada em 1975, a relação durou quase seis anos.

Era um homem forte, vistoso, gênero Clark Gable, "mulherengo como só ele". No primeiro ano de namoro fez com ela "o que quis e o que não quis":

— Devia ter umas quatro namoradas — diz Zélia hoje, rindo: — Pintava e bordava. E eu ali, na minha, perdidamente apaixonada. Faria qualquer negócio, daria a vida por ele.

Mauro era conhecido até pela família dela como "conquistador": certa de que os pais não o aprovariam, a princípio o namorou escondido. Depois passou a mencioná-lo em casa apenas por Augusto, seu segundo nome.

Escondido somente dos pais, bem entendido: freqüentavam restaurantes, iam ao teatro e ao cinema, viajavam juntos no fim de semana. Ele gostava de dançar e de tudo mais que ela gostava na época. Embora volta e meia brigassem, havia um bom entendimento entre eles, era uma relação gratificante.

Em janeiro de 1977 ela resolveu passar um fim de semana em Guaratinguetá com sua amiga Naila. Mauro não podia ir, tinha uma operação a fazer. No sábado ela iria a um casamento, passaria a noite com ele e viajaria no domingo só com a amiga. Para efeitos familiares, ia ao casamento e depois as duas seguiriam direto para Guaratinguetá. A mãe e o irmão também viajariam, cada um para o seu lado.

Ao sair, deu com o pai recostado no sofá da sala, como costumava ficar, radinho de pilha ao ouvido, escutando corrida de cavalos.

— Você não vai ao casamento do Artur? — perguntou-lhe.

Ele espreguiçou:

— Fazer barba, vestir terno e gravata... Será que reparam se eu não for?

Ela ainda passou em casa depois do casamento, arrumou suas coisas e despediu-se do pai, deixando com ele o telefone da casa de Naila em Guaratinguetá.

Sempre teve o hábito de ligar o rádio ao acordar, o que não se lembrou de fazer naquela manhã de domingo. Também não sabia por que resolveu ligar para o pai antes de partir. O telefone estava permanentemente ocupado — achou que ele deveria tê-lo deixado fora do gancho.

Mauro foi para o hospital e as duas seguiram viagem no carro de Naila. No caminho furou um pneu, tiveram de trocá-lo. Com o atraso, Naila decidiu telefonar para seu pai em Guaratinguetá, avisando que iriam direto ao clube. Voltou do telefone com ar esquisito, desconversando:

— Papai disse que é melhor passarmos em casa primeiro.

Zélia estranhou aquilo, mas ao chegarem, ficou sabendo que o pai havia tido um enfarte naquela noite, fora internado, ela teria de voltar: a mãe estava com uma prima no Paraná, o irmão tinha viajado com a namorada não se sabia para onde.

Levada de volta a São Paulo por Naila e seu pai, rezando e chorando pelo caminho, pouco antes de chegar veio-lhe certeza de que ele havia morrido.

O enterro foi naquela mesma tarde e mal houve tempo de vê-lo pela última vez, já no cemitério. Mais tarde soube que não haviam encontrado o número do telefone que deixara com ele. Mauro ouviu no hospital a notícia pelo rádio e foi quem avisou ao pai de Naila, indo em seguida para o velório, depois visitando a família à noite.

O que mais tarde provocou comentários favoráveis a ele:

— Digam o que disserem do Dr. Mauro, ele compareceu, esteve lá o tempo todo. Ao passo que esse tal de Augusto, namorado da Zélia Maria, nem ao menos um telegrama.

ATÉ o segundo ano do namoro ela alimentou a esperança de se casar. Mas ele não queria nem ouvir falar em casamento:

— Você é muito jovem, vou estragar a sua vida.

Nunca chegaram sequer a viver juntos — ele morava com a irmã e a mãe, a quem não podia abandonar, segundo dizia: havia alugado um apartamento para os seus encontros. A partir do segundo ano, começou vagamente a admitir a idéia de se casar. No último ano da relação entre os dois, ela é que já não queria.

Em 1979 foi com a mãe passar o fim do ano em Nova York, no apartamento de Emiliano, que vivia lá, como estagiário da IBM. Morava perto do Village.

Zélia acabou ficando dois meses:

— Nova York foi aquele deslumbramento. E meu irmão era cheio de amigos, começaram todos a querer me namorar. Um deles chegou a se apaixonar por mim.

Jovem, bonita, inteligente, que queria mais dela o seu namorado no Brasil? Ainda assim continuava fiel a ele, telefonava-lhe toda semana.

Na sua volta ele de súbito lhe comunicou:

— Vou me casar com você.

Tomada a decisão, "agora vamos nos organizar para casar". Foi uma semana maravilhosa, enquanto a mãe continuava em Nova York. Mas nada de casamento.

— O caso começou a desandar de vez — diz ela. — E é que nem maionese: quando desanda, não adianta fazer nada.

Hoje, quando se lembra, até sente como se não houvesse sido ela e sim alguém mais: era um homem de outra mentalidade, outra cultura, outra área de interesses.

Por seu lado, ela vivia tentando conciliar a vida afetiva com a realização profissional. Sempre achou que o homem brasileiro em geral espera que a mulher viva só para ele, e Zélia não abdicava de sua carreira, a que se dedicava com ardor.

Acabaram se separando em definitivo. Mas ele não se conformou: durante algum tempo continuou a procurá-la, a segui-la para onde fosse. Um dia a seguiu até Guarujá, para onde ela fora com sua amiga Lia e Luís Eduardo Assis (que mais tarde viria a ser da sua equipe econômica e diretor do Banco Central). Em outra ocasião, furou os quatro pneus do carro de Luís Eduardo, porque ela havia saído com ele.

Não o culpou de nada, e guarda dele boas lembranças (até hoje se falam de vez em quando). Mas também não se culpou: entregara-se toda, e é provável que simplesmente exigisse daquela relação mais do que ela poderia dar.

Infelizmente não seria esta a última vez que procederia assim, para acabar tendo de despertar bruscamente de seu sonho.

ANTES disso, ainda em 1979, havia conseguido realizar outro antigo sonho, este nada romântico, mas concreto e objetivo: o de morar sozinha — e morar bem, com algum conforto.

O pai já havia morrido, o que era um "complicador": a mãe, com quem ela morava, passaria a se sentir abandonada. Ainda assim acabou comprando um pequeno apartamento e fez a mudança gradativamente: primeiro levou para lá uma cama, depois a estante com os livros de que precisava, umas almofadas para espalhar pelo chão, uma mesa, uma cadeira e a máquina de escrever. Quando a mãe deu pela coisa, ela já se havia mudado.

Sua intenção, obviamente, ainda era a de viver ali com o Mauro.

Desde que se separaram, teve vários namorados, sem encontrar aquele que realizasse a esperança secreta de seu coração.

VII

UM DIA, em abril de 1981, telefonou-lhe um primo, mais um — João Manoel, desta vez —, pedindo-lhe que recebesse a visita de um amigo dele. Tratava-se de Rafael Valentino, diplomata sediado em Londres, que estava fazendo no Brasil uns estudos de Economia relacionados à sua tese de doutorado. Concordou em recebê-lo, se ele não se incomodasse de sentar-se no chão.

Foi uma conversa agradável, descontraída, durante a qual ela manifestou desejo de morar fora do Brasil. Suas viagens ao exterior até então haviam sido a Nova York e Buenos Aires.

Num dia qualquer de agosto, às seis horas da manhã, Rafael lhe telefonou de Londres. A Embaixada estava precisando de alguém para reorganizar o departamento econômico, e ele havia sugerido o nome dela.

Pediu 24 horas para pensar, mas já estava decidida: defenderia a tese dentro de alguns dias, em seguida venderia a sua Fiat, tiraria licença na Universidade, alugaria o apartamento e se mudaria para Londres.

No primeiro momento, seu lado impulsivo a levava sempre a agir com ousadia, sem refletir: vai, Zélia! Depois começava a surgir o outro lado, da cautela, da retração, da desconfiança, do pé atrás: Zélia, vamos devagar... Mas hoje em dia nem sempre é assim. Quando Ministra, por exemplo, costumava ouvir os outros antes de decidir.

PÃO-DURA, muquirana, mão-de-vaca, unha-de-fome são alguns sinônimos de que os amigos se valiam para qualificar seu comportamento em relação a dinheiro. Ela afirma que de lá a esta parte melhorou muito, mas reconhece que na época em que morou em Londres era bastante sovina.

Teve de pagar a passagem — o que certamente lhe doeu muito. Optou pela mais barata que encontrou — da Braniff, tarifa especial, via Nova York.

Ganhava mil e quinhentos dólares mensais, o que não era muito para a vida em Londres. Mas ainda assim economizava o quanto podia, a ponto de ter dinheiro para comprar um carro ao voltar. Rafael, seu amigo diplomata, queria hospedá-la num hotel, mas Emiliano, que agora trabalhava no Escritório Comercial do Brasil em Nova York e entendia dessas coisas, lhe recomendou de lá que ficasse na Associação Cristã de Moços.

Sua chegada pode ter sido cômica, mas não para ela. Carregando duas malas enormes, abarrotadas de roupas para o inverno que sabia ser terrível, se viu quase caindo com elas ao enfrentar infindáveis escadas rolantes no aeroporto. Lá de Nova York o irmão havia mobilizado para recebê-la uma conhecida sua, que não apareceu. Zélia telefonou-lhe do aeroporto e a moça marcou encontro numa estação de metrô. Lá foi ela no trem do metrô, empurrando o trambolho das duas malas, sem saber nem para onde estava indo. Mas encontrou a amiga do irmão, que a levou ao hotel exclusivo para mulheres da Associação Cristã de Moças. Não passava de uma espécie de pensão em Camden Town, na zona norte de Londres.

— Hoje é domingo, está tudo fechado. Olha aqui o que eu trouxe para você — disse a moça, ao se despedir.

E deu-lhe uma maçã.

Ei-la num quartinho de hotel onde cabiam apenas ela própria e uma maçã.

No quarto não havia banheiro, só no fundo do corredor. Chegou a crer que teria de deixar as duas malas do lado de fora. Levou dois dias para desarrumá-las — uma espécie de resistência que teve contra continuar ali. Sua vontade, ao ver-se naquele cubículo, era de disparar a gritar:

— Quero minha mãe! Que é que eu estou fazendo aqui?

Chorando, só lhe restou comer a maçã.

Às cinco horas, morta de fome, resolveu sair. Descobriu então o que significava crescer junto com uma cidade. Ela havia crescido com São Paulo. Se quisesse comer um sanduíche, ou uma massa, ou um filé, sabia onde encontrar. Ali ela não sabia nada, nem o que fazer, nem aonde ir. Pela primeira vez entendia o que é um domingo numa cidade protestante às cinco horas da tarde. Tudo fechado — simplesmente não encontrava lugar algum onde pudesse comer o que quer que fosse. Tudo escuro, feio, frio, triste, deprimente. Sentia-se desamparada como uma criança. Com medo de se perder, prestava atenção por onde passava, procurando fixar cada detalhe. Lembrava-se daquela história infantil do menino que ia jogando migalhas de pão enquanto andava, para saber o caminho de volta. Se tivesse migalhas de pão, comeria todas, uma por uma.

Voltou para o hotel e tomou a providência que já deveria ter tomado: telefonou ao Rafael, seu amigo diplomata.

— Estou dando um jantar hoje à noite para o casal Cláudio Abramo — disse ele. — Gostaria que você os conhecesse. Por que não vem jantar conosco?

Rafael soletrou-lhe o endereço, em Belgravia, o bairro mais nobre de Londres. E instruiu-a como deveria orientar o motorista, depois de lhe passar o telefone do táxi.

Ela foi, mas não de táxi: sabia lá quanto ia ter que pagar? Na estação de metrô conseguiu um mapa e, depois de estudá-lo cuidadosamente, tomou um trem —

vários trens, em consecutivas baldeações — e acabou chegando.

Sentiu-se vitoriosa: a cidade não a tinha derrotado.

Na volta, não houve como impedir que seu anfitrião a pusesse num táxi.

UMA coisa é ser turista — hospedar-se num bom hotel, visitar a Catedral de Westminster, a Torre de Londres, o Museu Britânico, assistir à Mudança da Guarda, passear no Hyde Park. Outra é mudar-se para uma cidade, descobrir onde morar, assumir novas atividades, fazer novos amigos, enfim: começar a viver de novo.

Daí a depressão em que caiu. Aquela primeira noite foi fundamental para ela, pela simpática acolhida que Rafael lhe proporcionou, e por haver conhecido Cláudio Abramo e Radá. E foi fundamental para a sua vida a temporada em Londres, pela conquista de autoconfiança, a superação das dificuldades, a experiência que adquiriu.

Por outro lado, passou a valorizar a proteção que sempre teve da família, dos amigos, toda espécie de relação afetiva que no Brasil se formara em torno dela. E houve o choque que representou vir de uma sociedade de privilégios para uma sociedade de massas, onde ela passou a ser igual a todo mundo.

Pela manhã, tomou um daqueles ônibus vermelhos de dois andares e foi, que remédio?, para o novo emprego no número 32 da Green Street, em Marble Arch. Seus olhos assombrados observavam tudo: o ônibus, os passageiros, a cara dos passageiros, suas atitudes, as ruas, os prédios, o jeito antigo dos táxis negros, motoristas do lado direito, aquele tráfego esquisito, de mão invertida. Tudo era novidade. E tudo funcionava: trânsito, telefones, horários. A primeira impressão foi de ordem, sobriedade, comedimento, disciplina, calma, silêncio. Todo mundo bem-vestido, os homens de paletó e gravata, mesmo os mais modestos, as mulheres de roupas discretas. Ninguém corria ou se precipitava, ou falava alto, todos aguardavam a vez. Então era assim uma cidade civilizada do Primeiro Mundo.

Ao descer do ônibus, reparou que o passageiro a seu lado, um velho inglês de cabelos prateados e ar de primeiro-ministro, não virou apenas as pernas para que ela passasse: ergueu-se e deu um passo para trás, como os demais também faziam. Finura, correção, polidez, respeito ao seu semelhante. Esses ingleses.

Antes de entrar na Chancelaria comprou cigarros na charutaria da esquina de Park Lane. O vendedor, de paletó mescla e calça listrada como para um casamento, cheio de mesuras, só faltou pegá-la no colo: era *please* para cá, *thank you* para lá. Encantada, sentia-se como se estivesse sendo confundida com alguém da Família Real.

Ainda assim, as duas primeiras semanas foram terríveis: ia do hotel para o trabalho e do trabalho para o hotel. Não se arriscava a sair sozinha à noite. Tudo era muito ermo, escuro, misterioso. Como se estivesse no Brasil, tinha medo de ser assaltada. Aquilo lhe dava uma sensação de impotência, eu quero minha mãe!

Resolveu reagir: passou a andar a pé por toda parte,

dia e noite, visitando pontos de interesse, descobrindo o encanto de cada rua, o mistério de cada lugar. Seu irmão viria de Nova York para passarem juntos o Natal — quando chegasse, ela já conheceria Londres, estaria apta a lhe mostrar tudo.

— Eu hei de vencer esta cidade — decidiu.

VIII

DE SUAS funções na Chancelaria, um tanto de rotina, não guardou maiores lembranças. Com Roberto Campos, o Embaixador, quase não tinha contactos. Dos poucos que teve, ficou-lhe a impressão de uma fria e calculada mordacidade. O Conselheiro Clodoaldo Huguenay, que trabalhava na área política, mais tarde viria a fazer parte de sua equipe no Ministério da Economia.

Lembra-se é das pessoas com quem passou a conviver, dos seus novos amigos.

A começar por Cláudio Abramo e Radá. Moravam perto de seu bairro, também ao norte de Londres. Telefonaram-lhe, marcaram um encontro.

Era o dia em que começava o horário de verão, com atraso de uma hora. Zélia, sempre atenta a tudo, seguiu o novo horário, mas eles inadvertidamente chegaram uma hora mais cedo e não a esperaram.

Vendo-se sozinha, meio perdida, saiu passeando por ali. E acabou encontrando os dois por acaso numa das feiras de Camden Town.

Cláudio era representante da *Folha de São Paulo*. Radá começou a sair com ela, ensinar-lhe as coisas, mostrar-lhe tudo. Ficou amiga também de Maria Esther, uma jovem que trabalhava na Embaixada, resolveram morar juntas.

Encontraram um apartamento de quarto e sala no *basement* de um prédio em Markhan Square, esquina de King's Road, na melhor parte de Chelsea. Era pequeno, sala e quarto, mas tinha lá o seu charme. As duas dormiam no quarto — por uma questão de horários, Maria Esther passou a dormir na sala, Zélia ficou com o quarto só para ela.

O COMPORTAMENTO dos ingleses, tão diferente dos brasileiros, a impressionava cada vez mais. Haviam sofrido uma guerra, sabiam dar valor às coisas, dizer a verdade: nenhuma ostentação, nem desperdício, nem desrespeito à lei ou ao direito do próximo. E a parcimônia, a frugalidade, a economia levadas ao último grau.

A sua senhoria morava no segundo andar. Ficaram

amigas. Zélia foi convidada por ela para um jantar. Eram doze pessoas. Aperitivo, salada, torta de rim, pudim de sobremesa — tudo foi servido na conta exata: um para cada um, não sobrava nada.

Um dia foi ao supermercado e, como boa brasileira, comprou tudo que podia. Uma senhora à sua frente junto à caixa olhou o carrinho cheio e não resistiu à curiosidade:

— Quantas pessoas são na sua casa? — perguntou.

— Duas.

— *Disgusting* — a mulher murmurou apenas.

Ela ignorou o troco de alguns *pennies* e foi saindo, como faria no Brasil com nossos míseros níqueis. A moça abandonou a caixa e disparou atrás dela até a rua, a chamá-la:

— Miss! O seu troco!

E havia a admiração por John Maynard Keynes, cuja vida e obra ela estudara a fundo. O livro *Theory of Employment, Interest and Money*, que influenciou quase todos os economistas modernos, era seu manual de trabalho — uma doutrina que ainda seria por ela preconizada para o Brasil: defendia a interveniência do Governo para assegurar a utilização de mão-de-obra e garantir o pleno emprego, de acordo com uma redistribuição mais racional de lucros, fazendo com que o poder aquisitivo aumente em proporção ao desenvolvimento dos meios de produção.

Keynes fora casado com uma bailarina soviética, e pertencia ao grupo de Bloomsbury, que a fascinava. O fato de viver na mesma cidade, poder passear no mesmo bairro, ver as casas onde havia vivido essa fabulosa geração de intelectuais era um motivo a mais para amar Londres.

A propósito, devo dizer que Bloomsbury é o "meu" bairro. Não que uma descabida pretensão literária me levasse à paranóia de querer me ombrear com aquela gente (nem nunca li Maynard Keynes). Acontece simplesmente que, desde 1980, toda vez que vou a Londres me hospedo (de graça, como bom mineiro) no apartamento que meu velho amigo Ernest Hecht, editor da Souvenir Press, mantém naquele bairro para os seus editados. Em conseqüência, ali de Bedford Square, fico a um tiro de escopeta da casa em Gordon Square, onde moravam as irmãs Vanessa e Virginia Stephen (mais tarde Virginia Woolf, quando se casou com Leonard Woolf). E posso passear a minha lordeza entre os fantasmas dos que a freqüentavam: John Middleton Murry, o romancista E.M. Foster, o biógrafo Lytton Strachey, o pintor Roger Fry, o crítico Clive Bell, e ainda Bertrand Russell, T.S. Eliot, Katherine Mansfield, D.H. Lawrence. Que Zélia me perdoe a intromissão, e voltemos a ela.

Continuava gostando de música e sempre que podia ia a concertos, sozinha ou com Radá, Maria Esther, algum amigo brasileiro que aparecia, inclusive o irmão. Um deles veio a ser mais tarde seu namorado. Infelizmente não havia arranjado nenhum entre os ingleses, ia passando em brancas nuvens, numa trégua sentimental que não era de todo má.

Emiliano estava morando nos Estados Unidos por conta de uma associação internacional de estudantes que proporciona estágios, concede bolsas a jovens de todo o mundo, promove encontros e confraternizações. Por isso tinha amigos de várias nacionalidades. Graças a seus conhecimentos, arranjou-lhe uma apresentação que lhe deu acesso aos programas da organização.

Ligou-se então a uma turma internacional de jovens: uma alemãzinha de quem se tornou amiga e em cuja casa se hospedou quando foi à Alemanha, uma sueca em cuja casa se hospedou quando foi à Suécia, um australiano... Mas não chegou a ir à Austrália e se hospedar em sua casa.

Certa noite marcou encontro com essa turma num *pub* em Covent Garden. Como estivessem atrasados, olhava a todo momento o relógio. Curioso, um inglês lourinho, "uma graça de rapaz", dirigiu-lhe um comentário qualquer sobre seus amigos que a faziam esperar. Acabaram ficando de conversa. Passaram a sair juntos de vez em quando, para um lanche, uma ópera, um cinema. Mas tudo dentro de um comportamento muito distinto, ao estilo inglês, nada de mais relevante aconteceu.

Conheceu o jornalista Alessandro Porro, correspondente de *Veja*, casado na época com Valéria, pessoa admirável que já era sua amiga e continua sendo. Alugaram um carro, fizeram juntos algumas viagens pelo interior da Inglaterra. Outro jornalista, Fernando Pacheco Jordão, correspondente de *IstoÉ*, e sua mulher Fátima se tornaram seus amigos, compondo com Cláudio Abramo e Alessandro Porro um triunvirato da imprensa com quem passou a conviver. Fez amizade também com Ricardo Pereira, da TV Globo, e Gláucia, sua mulher, que estavam lá nessa época.

NUMA recepção da Embaixada a que foi convidada, um paquistanês resolveu se interessar por ela. Acabaram trocando telefones, ela um pouco na base do que desse e viesse. Alessandro Porro resolveu oferecer aos amigos da turma uma feijoada em sua casa de Fulham Road justamente no domingo em que o paquistanês a convidara para jantar.

Nevava muito naquele dia. A sala dava para uma praça e os brasileiros viam a neve caindo lá fora e cobrindo a praça de branco enquanto entravam sem cerimônia na feijoada e na caipirinha até as cinco da tarde. Não ia ser nada fácil sair dali e enfrentar o jantar indiano do paquistanês, que ficara de ir buscá-la às sete e meia.

Chegando em casa, encheu-se de umas pílulas de papaia que costumava usar para facilitar a digestão, tomou um vidro inteiro. Logo recebeu um telefonema do paquistanês avisando que não passaria às sete e meia e sim às sete e 25.

Lia Strauss, decoradora, sua velha amiga de São Paulo, tinha vindo a Londres especialmente para estar com ela, e havia participado da feijoada. Zélia resolveu arrastá-la para o jantar do paquistanês.

— Quero que vocês conheçam a verdadeira comida indiana — disse ele, no seu inglês carregado de sotaque, assim que as duas entraram no carro: — Reservei uma mesa no restaurante indiano número dois de Londres, porque o número um fecha aos domingos. Mas a próxima vez iremos ao número um.

Pelo número dois elas podiam imaginar o que seria o número um. Tiveram de experimentar pratos e mais pratos das mais variadas especiarias à base de *curry*, com toda espécie de acompanhamentos, temperos e condimentos, cujas refinadas peculiariedades o paquistanês fazia questão de enfatizar.

O "caso" com o paquistanês não foi adiante, graças a Deus — ou a Buda, a quem ela poderia ter invocado para manifestar a sua irrestrita veneração por Mahatma Gandhi.

Aproveitava os fins de semana para conhecer o resto da Europa. Além da Alemanha e da Suécia, foi à Itália, Espanha, Bélgica, Holanda, França. Ao contrário de Londres, Paris lhe pareceu uma cidade aberta, acessível, acolhedora, bastava chegar para se sentir em casa. Na sua visão de paulista, achou que Paris estava para Londres como o Rio para São Paulo:

— No Rio você vai para a praia, e tudo bem. Em São Paulo você tem que descobrir onde é cada coisa e cada lugar.

A importância daquela temporada para ela, encerrando uma fase e inaugurando outra: como o Colégio de Aplicação, também dividiu a sua vida em antes e depois de Londres.

IX

DE VOLTA ao Brasil, resolveu praticar natação. Dedicando-se com perseverança, como a tudo mais, em pouco era boa nadadora de distância. Até hoje gosta de nadar, quando lhe sobra tempo — o que raramente acontece.

Marina Arnhold, psicóloga, a aproximou de Maria Clara Pacífico, a Caia, completando o quarteto de suas melhores amigas: Lia, Marina, Naila, Caia.

Seu ideal continuava sendo amar e ser amada, casar e constituir família. E ia tendo seus namorados, sem maiores compromissos. Sempre foi um pouco fatalista: acha que as coisas, quando têm que acontecer, acontecem. Sentia que o seu destino estava traçado.

Só não poderia imaginar que fosse tão surpreendente como vem sendo.

Em 1983 namorou Glauco, um jornalista, amigo de Cláudio Abramo. Foi um namoro sério, intenso, feliz — entendiam-se bem. Ele era de bom nível cultural, desquitado, morava sozinho. O namoro terminou de comum acordo, por incompatibilidade de horários: Glauco deixava a redação da *Gazeta Mercantil* à meia-noite, quando ela já estava morrendo de sono porque acordava às sete para ir trabalhar.

Neste mesmo ano voltou à Europa, em viagem de férias com Marina, o irmão e a namorada. E ainda Walter, amigo do irmão. Eram cinco num carro alugado em Bruxelas, viajando pela Bélgica, Holanda, Escandinávia. No caminho, Emiliano brigou com a namorada, e devia ter razões de sobra: era uma americana cheia de manias e melindres. Tinha alergia a tudo: trigo, batata, chocolate. Com medo de agrotóxicos, lavava a maçã com água e sabão. Se paravam na estrada para comprar uns morangos, ela torcia o nariz, dizendo:

— *It sticks to your liver.*

O grupo se desfez, cada um seguiu seu rumo. Zélia e o irmão ainda esticaram até a Alemanha, Áustria, Suíça e terminaram a viagem em Paris. Ansiosos por um merecido descanso, pois Emiliano, a cada cidade que chegavam para pernoite, mesmo a altas horas e caindo todos de cansaço, revelava mais uma afinidade com a irmã, fazendo questão de procurar um hotel baratinho, cuja diária não chegasse a dez dólares.

De regresso, Zélia foi levando avante a sua vida profissional: voltou a lecionar na Universidade, produziu com um colega um trabalho interessante de pesquisa na área da Economia.

No Governo Montoro assumiu o cargo de Diretora Administrativa e Financeira da CDH (Companhia de Desenvolvimento da Habitação), antiga CECAP, onde havia trabalhado seis anos antes como economista. O Presidente era seu primo e amigo Pedro Paulo Branco — razão de sobra para trabalhar ali, dado o carinho que sempre lhe dedicou.

Em 1986 passou a colaborar com Dilson Funaro.

SEU primo João Manoel Cardoso de Mello é para ela uma das pessoas que melhor ''pensam'' o Brasil: conhece os nossos problemas, estudou a fundo cada um deles. Sempre exerceu grande influência na sua vida. Foi em casa dele que ela esteve com Funaro pela primeira vez — desde então costumava encontrá-lo ali de vez em quando: o primo, como seu assessor, viria a ser praticamente o Vice-Ministro da Economia.

Desde o princípio Funaro lhe causou a melhor impressão. Tinha um ar vagamente místico, puritano. O rosto de feições nobres, o olhar firme e sereno eram de inspirar confiança.

Quando foi feito Ministro, em 1985, surgiu a possibilidade de levá-la para Brasília.

Zélia estava mergulhada no trabalho, como sempre empenhada a fundo naquilo a que se dedicava. Mas resolveu aceitar. Foi designada para assessorar Andréa Calabi, Secretário do Tesouro, outro grande amigo para sempre. Trabalhar com ele foi uma experiência compensadora. Brasília, propriamente, foi um horror.

Levou algumas pessoas para compor a sua equipe. Entre outros, José Francisco Gonçalves — o Kiko — Venilton Tadini, Martus Tavares, Álvaro Manoel, Mary Brito. Dedicados, cheios de entusiasmo com as novas funções, trabalhavam todos das sete da manhã às nove da noite.

Foi por esta época que conheceu Pedro Bara, que mais tarde conceberia a reforma administrativa do Governo Collor.

A elaboração do Plano Cruzado coube a João Manoel Cardoso de Mello, Luiz Gonzaga Belluzzo, Pérsio Arida, João Sayad e André Lara Resende — praticamente a esses cinco. Funaro, segundo me afirma seu genro João Carlos Camargo (que viria a ser secretário particular de Zélia quando Ministra), considerava André Lara Resende um economista de gênio: de bom grado o faria seu sucessor no Ministério. Eduardo Modiano e Francisco Lopes deram contribuições, forneceram pareceres e documentos, mas não chegaram a trabalhar junto a Funaro.

Zélia não participou propriamente da formulação do Plano. Em compensação, Funaro não precisava sequer ler previamente os documentos escritos por ela, como fazia com os de qualquer outro assessor. Na ocasião prevalecia uma estrutura administrativa na qual a função dela, subordinada à de Andréa Calabi, de certo modo a ligava diretamente ao gabinete do Ministro. Daí haver-se intensificado seu contacto com ele.

A relação entre os dois era tranqüila, sem envolvimento maior, declarado ou secreto. Mas Zélia só sabe fazer as coisas com compromisso afetivo — em suas próprias palavras: só por paixão. Pensando bem, pode dizer que a admiração por Funaro fazia com que o amasse, num sentido mais amplo.

Quando ele deixou o Ministério, ela organizou um almoço em sua homenagem. Acabou falando de improviso algumas palavras de despedida que emocionaram a todos. (Tinha prática de falar em público, adquirida nos discursos do Centro Acadêmico e pela condição de professora.) Para ela, Funaro era um homem acima do normal, acreditava no que fazia, tinha mesmo certo carisma, na determinação com que se dedicava ao cumprimento de sua missão, que era a de mudar o Brasil. Solidária com ele, também pediu demissão e, emocionada ela própria, chegou a chorar, afirmando que nunca mais voltaria ao serviço público, e principalmente nunca mais voltaria a Brasília. Chega, basta! Começava a ver ali coisas que a revoltavam. O Brasil era muito complicado. O interesse nacional se subordinava sempre a interesses subalternos. Estava cansada, desgastada, exaurida, voltava cheia de cabelos brancos.

Se ninguém via, era porque cuidava de sua aparência, claro — isso ela não perdera, o respeito a si mesma.

VOLTOU à Europa em 1987, desta vez com a mãe, a passeio, numa viagem de dois meses pela Espanha, França, Itália. Alugaram um carro e percorreram a Provence, Riviera Francesa, Riviera Italiana, até a cidade de Lucca, na Toscana, onde tinham alguns parentes. E passaram uma semana em Viareggio, encantadora estância balneária, muito animada, onde morava seu primo Mário.

Não nega nem afirma que um ou outro de seus primos eventualmente pudesse ter-se apaixonado por ela — mas não teve dúvida alguma em relação ao sentimento daquele envolvente italiano com o seu amor à primeira vista — aliás devidamente correspondido. (Reconhece que se apaixona com facilidade, não há nada a fazer quanto a isso.)

Desquitado, Mário não queria outra vida, além do namoro firme com a prima que lhe havia caído do céu: eram passeios, bares, restaurantes e boates, leva a prima para cá, leva a prima para lá, era também a vida que ela havia pedido a Deus, depois da desilusão sofrida no seu distante Brasil, com o fracasso do Plano Cruzado. Ele a levava a passear no bosque de bicicleta, sentada no guidom — ela achava aquilo lindo, muito romântico.

E sua mãe sem entender nada, a filha que estava com tanta pressa de seguir viagem agora não querendo ir embora nunca mais.

De regresso ao Brasil, houve vários telefonemas internacionais, a princípio prolongados, gerando contas catastróficas. Depois, com o tempo, foram rareando, até cessarem de todo, como geralmente acontece — longe dos olhos, longe do coração: ninguém é de ferro, outros namorados surgiam. Nunca mais ouviu falar no primo italiano, presume que deva ter-se casado de novo, espera que esteja feliz.

Constituiu em São Paulo, com dois companheiros, Lélio Ravagnani e Carlos Henrique Morais — o Ique — a ZLC Limitada, firma de consultoria econômica. Funaro montou escritório perto do dela. Passaram a se visitar com freqüência, como dois bons amigos.

COMEÇOU a escrever um diário:

''SP 6/2/88 — Eu sempre quis escrever um diário, sempre quis escrever a minha vida, as minhas idéias. Sempre adiei, nunca consegui. Quem sabe agora eu o faça, nesta agenda bonita para a qual eu não tenho utilidade. Uso agenda pequena, aquela que se carrega na bolsa, é mais prática. Se ganho agendas grandes, acabo dando para as pessoas. Essa eu não dei. Faz parte da minha sovinice não ter dado: é mais que uma agenda. Tem uma capa de couro, que por sua vez fica dentro de uma carteira de couro onde se pode guardar documentos, dinheiro, cartões. Como é valiosa, não quis dar para ninguém. Mas não é só por isto. É que ela me foi dada por um homem que amei e que tornei confidente das minhas esperanças. Esperança de poder dar todo o afeto que tenho, de repartir sonhos, fantasias, ambições, vitórias e fracassos.

Mas antes de fazer saber ao outro que eu quero isso, faço saber ao outro que não quero ninguém. Que estou bem sozinha. E me torno atraente para ele. Não sei se será isso.

Tem mais coisas, não é tão simples. A minha relação com os homens não é tão simples''.

''Hoje é 11/2 mas para economizar papel escrevo aqui (2 fevereiro). Depois de alguns dias triste, alguns dias em que meu coração chorava e as lágrimas não saíam, voltou um pouco de alegria. Mas meu coração se ressente da falta de outro.

Hoje me senti feliz, porque não queria ficar com alguém que saísse no meio da noite e voltasse sabe-se lá quando. E pude dizer isso, sem desculpas. Não disse que estava com dor de cabeça, e sim que não estava disposta, porque quero amar um homem que deixe sua alma encontrar a minha.

É bom poder dizer eu gosto de você, mas não quero assim. É tão bom. Sinto como se estivesse mais leve, mais solta. Se você quiser vir comigo, tenho muito a lhe mostrar. Começo pela minha casa, e vou te amar. E você também vai me amar. Vou lhe contar as minhas fantasias, as viagens que fiz com você, as paisagens que vimos, as comidas e bebidas que aproveitamos juntos. E aquele passeio no bosque, e aquele passeio no mar. Depois vou lhe mostrar os discos que ouvi. Em cada canção que quisera ter feito, as letras que lhe contam tudo de mim. Se você vier comigo, um mundo vou lhe mostrar, um mundo quero aprender. Se você vier comigo, eu vou com você de leve, bem de leve, bem querida.''

X

EM SÃO Paulo não esqueceu alguém que havia conhecido em Brasília ao final de 1986.

Certa manhã estava sozinha em sua sala, absorvida no trabalho, quando, ao erguer os olhos, deu com um homem ainda jovem, elegante, bonito, alto e desempenado, cara inocente de menino, cabelo de franjinha, nariz de ponta fina, sorriso também fino, que lhe estendia a mão, se apresentando:

— Muito prazer. Fernando Collor.

Tudo nele era fino. A própria voz, cheia e viril, tinha tonalidade redonda, delicada. Os olhos brilhantes e inquiridores exprimiam autoconfiança. Havia telefonado marcando aquele encontro. Foi uma conversa agradável, em que ficou sabendo que ele, eleito Governador de Alagoas e ainda não empossado, viera tratar das finanças do Estado, que iam mal. A mesma determinação de Funaro ela chegou a detectar naquele homem apenas quatro anos mais velho do que ela, sem jamais poder imaginar a influência que ele iria ter em sua vida. E isso os aproximou:

— Um dia as pessoas descobrem, ou não, que há alguma coisa errada no mundo — me diz ela: — Não tem só coisa boa, bonitinha, burguesa. Tem outras coisas além disso. Alguns, como eu, descobrem aos quinze anos, outros aos 25, outros aos quarenta, outros aos setenta, outros não descobrem nunca. Para mim, Collor descobriu aos 36. Graças a isto, pudemos ter um diálogo.

Criado em Brasília, tendo vivido sua juventude num ambiente meio desligado da realidade, era natural que ele demorasse a tomar consciência dos problemas deste mundo. Mas, segundo ela, tomou consciência — tanto assim que desde logo pôde abordar com ele os verdadeiros problemas da nossa realidade, o que não era tão comum em Brasília:

— Se eu fosse tocar nesses assuntos com aquele general Nini, por exemplo, ele me mandaria à merda — comenta ela hoje, rindo.

Teve naquela época vários encontros com Collor. Pedro Paulo Leoni Ramos, Secretário de Assuntos Estratégicos, de cuja mulher se tornara amiga, o conhecera ainda deputado e tinha boas relações com ele. Costumava convidar a equipe de Funaro para um jogo de vôlei em sua casa às quartas-feiras (Zélia só fingia que jogava). Um dia deu um jantar para ela, Andréa Calabi, Collor e Rosane, sua mulher. Collor chegou a convidá-la para a sua posse como Governador.

Ficou sensibilizada quando, por ocasião da queda de Funaro, certamente já prevendo que ela sairia também, ele lhe fez uma visita de solidariedade no Ministério: um Governador recém-eleito visitando uma simples funcionária do terceiro escalão. Antes da transmissão do cargo, encontrou-o ainda uma vez numa reunião de Governadores do Nordeste.

Mais tarde, firma já montada em São Paulo, fez uma viagem a Maceió especialmente para oferecer ao Governador, já empossado, os préstimos da sua assessoria econômica. Foi muito bem tratada, as relações entre eles se estreitaram.

Reconhece que desde o princípio sentiu grande afinidade com Collor, que lhe pareceu mútua — ele também manifestava empenho em mudar o Brasil. Escondia sob uma couraça de determinação e alguma astúcia qualquer coisa de ingênuo, inocente, imaturo, que lhe dava certo encanto. E Collor gostava de Funaro, o que fez com que ela imediatamente passasse a gostar dele.

Como Zélia já disse em relação a Funaro, só consegue dedicar-se àquilo de que gosta e em que acredita. Não faz nada desapaixonadamente, precisa empenhar o seu afeto para realizar o que quer que seja. E foi o que lhe aconteceu desde o princípio em relação a Collor. Era um sentimento elevado, que se confundia com o sentimento cívico na defesa da causa pública, transcendendo os limites de sua natureza puramente feminina. Não, esta não chegou a se manifestar, nem sequer jamais pensou nisso, pelo menos conscientemente. Mas admite a sua perplexidade quando o jornalista Nirlando Beirão, seu amigo, veio a lhe dizer mais tarde que, ao ver uma foto sua olhando para o Presidente durante uma entrevista no tempo da campanha, em abril de 1989, havia afirmado:

— Essa mulher é apaixonada pelo Collor.

COMEÇOU deliberadamente a prestar atenção nos outros e em si mesma. Sua vida ficou mais difícil: passou a perceber a mesquinharia ao redor de si. E a displicência da maioria — as pessoas não cuidavam nem de si próprias, que dirá dos outros:

"E eu querendo me cuidar e cuidar de quem gosto", escreve ela. "É tão bom ter um gesto carinhoso. É tão bom atender alguém, ser gentil."

Este alguém não chegou a aparecer, mas ainda assim ela retorna ao seu diário, revelador até para si própria:

"18/2/88 — Quisera ter escrito estes dias e tive vontade, mas me deu preguiça.

Esta semana estive com um homem que poderia ser muito importante na minha vida. Porque me entendo com ele, sei que o mundo, como ele o vê, é o mesmo que o meu. Mas não consigo me perder nele, não consigo me entregar, não sei se por preconceito ou medo.

E aí eu sonho com ele. E me lembro de *Nunca te Vi Sempre te Amei*. E fico pensando que nós nunca nos tocamos nem nos olhamos como homem e mulher. Eu me sinto próxima e distante. E penso nele como alguém que poderia me descobrir, aproveitar.

Enquanto nada acontece, eu me sinto cada vez melhor para amar, para estar com alguém.

Enquanto nada acontece, eu me sinto aprimorar. Meu entendimento é maior.

Sonho acordada toda noite. Sonho com um príncipe, um homem belo e gentil de quem eu gosto e que me quer bem. Eu precisava dar um rosto e um nome a ele. Dei o seu.

Não sei nada de você, a não ser que me entendo com você. Mas sinto que nunca o olhei e você nunca me olhou. Nos falamos, nos entendemos, mas nunca nos olhamos. O que poderia este olhar trazer? Desejo, indiferença, ruptura ou encantamento?

Eu lhe dei a mão, mas nunca nos tocamos. Será que temos medo? Ou será que é só alucinação? Será que poderíamos nos amar? Ou será que nunca vamos nos encontrar?

Em todo caso sonho com você toda noite. E tudo flui, e tudo é bom e calmo, e rico. Rico de amor.

Eu não tinha um nome para dar, então dei o seu.

Eu não tinha um rosto para olhar, então desenhei o seu.

E guardo seu nome e seu rosto, junto no meu travesseiro. É doce, é terno.

E aí eu descubro que gosto das pessoas — algumas —, que me interesso por elas, mas estou na torre de Babel. Ninguém se entende, ninguém se procura.''

"20/2/88 — Hoje descobri uma das coisas que têm me entristecido: é que eu gosto das pessoas mais do que elas gostam de mim. Eu quero estar com elas mais do que elas desejam.

É que na minha cabeça eu construí um mundo, um mundo de prazer, de dádiva, de companheirismo. Montei uma cena que não vejo acontecer. Pus nela minha ânsia de ser feliz.

Tenho que voltar para mim, olhar para mim. Hoje fui ver minha casa em reformas, onde talvez eu seja feliz, talvez tenha um filho, talvez fique em paz.

Eu preciso sonhar. Quando encosto a cabeça no travesseiro preciso sonhar. Com um homem que me abrace. Que me olhe, e no olhar me encontre. Eu procuro este homem, eu saberei quem é, quando encontrá-lo."

ESTABELECEU pela primeira vez uma distinção fundamental entre a vida pública e a vida particular. Durante o tempo em que trabalhou no Governo, percebeu que na vida pública as decisões são sempre sujeitas a muitos fatores que as transformam em não-decisões. Nada é explícito e conseqüente. Na vida particular tudo é explícito, claro, objetivo: quer ou não quer, faz ou não faz, vai ou não vai.

Assim, pelo menos, ela decidiu pautar a sua vida pessoal: queria tudo bem claro, as idéias bem formuladas, as perguntas respondidas, os sentimentos explicitados.

Não tinha dúvida com relação ao seu sentimento predominante: o de viver o encontro com outra pessoa. "É um desejo forte, uma vontade que arrebata", anota ela em seu diário: "uma emoção, e emoção sempre é bom sentir".

Por essa ocasião, teve a alegria de reencontrar João Maia, sentiu emoção. E voltou a encontrá-lo, jantaram juntos — foi estimulante para ela, que se sentia tão só, recolhida ao mundo romântico de fantasias:

"6/3/88 — Continuo dia após dia apaixonável, sujeita a ser amada. Mas tem que ser lindo, leve, solto. Tem de ser verde, que é leve. Mas tem de ser vermelho, que é quente. Tem de ser rosa, que é suave, mas tem de ser azul, que é forte. Tem de ser meu que sou tua. Tem de ser o mundo, que o mundo é grande.

Será que só me resta o sonho? E por quanto tempo me restará o sonho?"

Mas predominavam também em seu espírito a ansiedade, a aflição, o desejo de que o tempo parasse até que acontecesse alguma coisa. Mas que coisa era essa? Não havia "coisas" a acontecer. Precisava aprender a viver cada momento, viver a vida, o calor, o frio, ver as "coisas" como elas eram, simples coisas, sem nenhuma ênfase. Viver era melhor que sonhar:

"27/3/88 — Releio algumas coisas que escrevi. Foi bom, foi bonito, mas principalmente serviu para ver como me engano, me iludo.

Hoje vi algo escrito sobre o Fernando. É engraçado, ele na verdade nunca fez parte do meu desejo. Este seria o primeiro passo. O sonho do sonho. Eu tenho medo de sonhar."

XI

COLLOR esteve em São Paulo. Zélia jantou com ele no La Tambouille, restaurante dos mais finos da cidade, digno do reconhecido gosto culinário de ambos. Confessou-lhe que as três figuras públicas que mais admirava eram Montoro, Funaro e Collor:

— Não necessariamente nesta ordem — fez questão de acrescentar.

Já pensara em colaborar na sua campanha. Mas gostaria de apoiar Funaro, tido então como presumível pretendente à Presidência. Constava mesmo que seu nome estava sendo lançado como manobra, para ser apontado como candidato a vice-presidente na chapa de Mário Covas. E já estava doente, morreria pouco depois, vitimado pelo câncer.

Zélia nada registrou deste encontro no diário — continuava entregue à inquietude de seu sensitivo coração:

"13/6/88 — Há quanto tempo não escrevo. Há um mês e meio. Neste meio-tempo aconteceram coisas. Pensei que me apaixonei. Não foi possível, ou pelo menos não está sendo. Talvez venha a ser. Talvez não. Continuo esperando."

Mais adiante ela confirma a impressão que me deu desde a primeira vez que nos vimos:

"Os homens que encontrei tiveram medo da minha fortaleza. E não atentaram para a minha fragilidade, tudo o que eu tinha. Minha fortaleza, invenção de minha alma para me proteger da minha fragilidade."

EM MEADOS de 1988, nova viagem à Europa, novo namorado.

Desta vez foram com ela suas amigas Lia e Marina. Em Lisboa alugaram um carro e saíram a percorrer Portugal para baixo e para cima: Algarve, Faro, Évora, Óbidos, Nazaré, Leiria, Aveiro, Porto, Póvoa do Varzim, Viana do Castelo, Valença do Minho. Cruzaram a fronteira da Espanha: Vigo, e finalmente Santiago de Compostela.

Quando visitei Santiago de Compostela, alguns anos antes de Zélia, tive a surpresa da minha vida: esperava encontrar apenas um vilarejo em torno de uma praça, com um velho palácio medieval, uma igreja e um museu. Em vez disso dei com uma fabulosa cidade com sua deslumbrante Catedral, ruas com arcadas, um centro comercial animadíssimo, lojas, bares com cadeiras na calçada, vários restaurantes.

Pois Zélia, graças a mais uma manifestação de sua reconhecida afoiteza, encontrou coisa ainda melhor, logo ao primeiro dia.

Depois de percorrer a cidade, visitar a Catedral e outros lugares históricos, foi jantar com as amigas num restaurante quase vazio: havia apenas três homens em torno a uma mesa. O garçom as colocou na mesa fronteira à deles, e quando Zélia deu com os olhos no que lhe ficava mais próximo, sem pensar duas vezes anunciou para as companheiras:

— Vou conhecer aquele homem.

De fato, parecia alguém digno de ser conhecido por uma mulher ainda jovem, bonita e sentimentalmente disponível: alto, alourado, também jovem e bonito, era o que se costuma chamar de "um gato", como ela o classificou imediatamente para as outras duas:

— Vocês vão ver só.

As amigas exprimiram sua descrença numa risada. Sendo míope, ela pediu-lhes que verificassem se ele usava aliança.

Não usava — então não tirou mais os olhos dele durante todo o jantar.

Marina, que sabia alemão, observou que eles conversavam num alemão esquisito, deviam ser suíços ou austríacos. Ao sair, Zélia escreveu o nome do hotel e o número do quarto num cartão seu, pedindo (em alemão, Marina ajudou) que ele a procurasse. Deu duzentas pesetas ao garçom e mandou que o entregasse àquele senhor de terno azul-marinho à sua frente. As companheiras estavam visivelmente encabuladas.

No dia seguinte, quando as três passeavam pela rua, de repente Zélia dá com o "gato" caminhando à sua frente. Ele entrou no hotel — entraram praticamente juntos. Será que ia procurá-la? Era o Hostal de los Reyes Catolicos, que o guia turístico da cidade recomendava como sendo *lujosa instalación en un magnifico edificio del siglo XV*. Era realmente magnífico, o guia não exagerava.

Na recepção encontrou um cartão dele com o número de seu quarto — estava hospedado no hotel.

Telefonou-lhe imediatamente:

— Recebi o seu cartão — falou, em inglês.

Ele retrucou, bem-humorado, também em inglês:

— Recebi o seu primeiro.

— Eu quero te conhecer — ela disse apenas.

Mais tarde ele contaria que acreditou tratar-se de negócios, pois o cartão dela era comercial. E ele era *trader*, tinha uma firma de comércio exterior.

— Custou a perceber quais eram as minhas reais intenções — comenta ela comigo, achando graça.

Era austríaco, chamava-se Alfred. O fato de se tratar de uma brasileira lhe pareceu muito original. Para perplexidade das amigas, Zélia marcou logo um encontro:

— Me arrumei toda bonitinha e fui me encontrar com ele no bar. Depois fomos para o restaurante, um jantar fantástico, uma conversa esplêndida. Fiquei encantada.

Ela lhe contou que no dia seguinte as três iam viajar de carro durante quinze dias, a começar por Barcelona. E propôs candidamente:

— Quer ir com a gente?

Para surpresa sua, ele aceitou. E as amigas admitiram, alvoroçadas, o novo companheiro de viagem.

Marina conversou com ele em alemão. Apurou que era solteiro, seis anos mais moço que Zélia e morava em Viena.

Os quatro passaram a falar inglês o resto da viagem, que foi muito divertida: Alfred era realmente encantador. Depois foi para Viena, mas veio reencontrar Zélia em Paris, onde passaram juntos uma semana maravilhosa. E a partir de então ele começou a "amá-la apaixonadamente", querendo se casar com ela.

NA VOLTA, Zélia anotou em seu diário:

"30/7/88 — A viagem que eu fiz foi valiosa, realmente. Aprendi muita coisa, entendi muita coisa, tive *insights* e conheci um homem, vivi bons momentos. Desinspirei..."

Gravou para Alfred uma fita com as músicas de Chico Buarque suas preferidas:

Samba: *Feijoada Completa, Homenagem ao Malandro, Apesar de Você, Amor Barato, Vai Trabalhar, Vagabundo, Samba em Orly, Cordão, Vai Passar, Construção, Deus lhe Pague, Quando o Carnaval Chegar.*

Lentas: *Cálice, O Meu Amor, Pedaço de Mim, Tanto Amar, O Que Será, Olhos nos Olhos, Você Vai me Seguir, Basta um Dia, Desalento, Como se Fosse a Primavera, Ludo Real.*

"12/8/88 — *Here I am again*. Fantasias de amor e de alegria tomam meu pensamento. Fantasias de uma viagem. De viver este sonho. Vou ler Fernando Pessoa."

Alfred veio ao Brasil mais de uma vez somente para vê-la. Zélia o levou a conhecer Collor durante a campanha, jantaram com ele. E ficavam namorando a distância, era telefone, carta, telefone que não acabava mais. As contas telefônicas, quilométricas, se multiplicavam.

Para meu pasmo, ela me informa:

— Ainda hoje falei com ele, lá em Viena.

Segundo acredita, o caso pode durar o resto da vida — ou não. Está em plena vigência, "guardadas as devidas proporções".

"9/9/88 — Fiquei muito tempo longe do diário. Logo que cheguei de viagem, minha paixão pelo Alfred havia tomado conta de mim. Na verdade eu criei com o Alfred uma aventura daquelas de filme, nós em Paris, sem compromissos. Cheguei aqui e fiquei ocupada pensando nele.

Saudades do Alfred. Eu queria que um homem chegasse agora. Este homem tem o rosto, o corpo do Alfred, e seu sorriso. Tem o jeito do Alfred, ama como o Alfred, mas é brasileiro. Ih, meu Deus, quanta confusão. Como eu me engano. Só este ano me enganei, e quanto!"

Logo surgiria outro engano.

XII

EM COMPANHIA do sócio Ique, Zélia procurou no Rio seu amigo João Maia, então Secretário de Planejamento da Prefeitura, na gestão de Saturnino Braga. Queriam propor-lhe um plano de reciclagem do lixo da cidade.

Foram recebidos de braços abertos:

— O lixo é todo seu! — ofereceu ele alegremente.

Nem por isso o plano chegou a ir avante.

Almoçaram juntos no Albamar, naquele dia de setembro de 1988. João Maia era eleitor de Ulysses Guimarães (quase todos que compuseram com Zélia a equipe de Funaro votariam em Ulysses ou em Covas). Surpreendido, ouviu dela pela primeira vez a revelação de que havia decidido trabalhar em favor de Fernando Collor na campanha presidencial:

— Se ele quiser, é claro.

Sua primeira participação foi em fevereiro de 1989, numa reunião em Belo Horizonte, para analisar uma pesquisa de opinião na Agência Vox Populi, de Marcos Antônio Coimbra (filho do cunhado de Collor, embaixador Marcos Coimbra). Começou então a elaborar o programa econômico do candidato e a assessorá-lo, preparando-lhe discursos e palestras, respondendo por ele a questionários de jornais e revistas — o que Collor pensa disso, o que pensa daquilo.

Enviava-lhe seu trabalho, sempre em contacto direto com ele, mas ficava mesmo no escritório de sua firma em São Paulo. Até 15 de novembro de 1989, primeiro turno das eleições, era raro ir a Brasília. Em Belo Horizonte, algum tempo mais tarde, Marcos Antônio Coimbra lhe perguntaria:

— Você quer a vitória pelo Brasil, por você ou pelo Fernando?

— Pelo Fernando — ela respondeu singelamente.

HOJE não se lembra se já acreditava que ele ia vencer as eleições. Lembra-se é de que foi ridicularizada, patrulhada e escarnecida quando anunciou o candidato que estava apoiando. Vários amigos se afastaram. A turma da faculdade, economistas de esquerda, antigos companheiros, acusavam Collor de reacionário, e da pior espécie.

Em abril, revoltada, teve de sair da festa de aniversário de seu amigo Henri Philippe Reichstul, que colaborou no Plano Cruzado, porque simplesmente não tolerou mais a cobrança irônica que vários lhe faziam — como Luciano Coutinho, ex-Secretário Geral do Ministério da Ciência e Tecnologia, Adroaldo Moura e Silva, professor da USP, vice-Presidente Internacional do Banco do Brasil, e outros:

— O PRN não é de nada.

— Você está louca, esse cara é da direita.

— Filhote da ditadura.

Em vão ela tentava contestar, afirmando que Collor, apesar de não ter formação de esquerda, era alguém com genuína disposição de transformar o Brasil, promover a justiça social:

— Se querem atirá-lo na direita, isso é com vocês. Se fosse assim, eu não estaria com ele.

Não era levada a sério:

— Além do mais — dizia um —, você está apoiando o candidato que segundo as pesquisas só tem um por cento de chance de vencer.

— Quando muito — dizia outro — pode vir a ter sete por cento. Dá no máximo para ser nomeado Ministro da Administração, já que ele caça marajás...

Durante a campanha, ela viajou pelo país somente para falar nos problemas econômicos, em palestras, conferências, ou pela televisão. Não participou de comícios: com exceção de um ou dois outros de menor importância, foi apenas ao de encerramento, em Maceió.

Viu-se noutro ambiente, numa roda de alagoanos.

Sentiu-se meio apartada. Na realidade, nunca houve uma integração de seu grupo com o deles.

Havia três com quem se relacionava bem: Cláudio Humberto da Rosa e Silva — tinham um passado em comum, ambos foram do Partidão, e ele costumava assumir na conversa um tom malicioso de que ela gostava; Paulo César Farias, o famoso PC, figura interessante, inteligente e, coincidência rara, ambos nasceram no dia 20 de setembro (a mesma coincidência em relação a João Maia — portanto não tão rara assim); o deputado Renan Calheiros, pela afinidade em relação aos problemas nacionais, e a quem por isso continuou estimando, mesmo depois que ele rompeu com o Governo.

Já Ministra, esteve com Paulo César apenas uma ou duas vezes — depois houve certo afastamento. Com Cláudio Humberto mais tarde passou a ter só encontros de serviço. Dos não-alagoanos próximos a Collor, teve sempre muito carinho por Pedro Paulo Leoni Ramos. E gosta até hoje de Marcos Coimbra, que é mineiro — mesmo achando atualmente que ele talvez não esteja no lugar certo, fazendo coisas com que tenha a ver.

NO COMEÇO da campanha Zélia havia ficado de conversar com Leopoldo, irmão do candidato. Foi procurá-lo no seu escritório em São Paulo.

— Tudo agora vai dar certo — disse ele, satisfeito. — Tenho aqui alguém me ajudando.

E apontou para a figura de um homem de pé na sala. Tinha ar de rapazola meio janota, bem penteado e arrumadinho, rosto pálido e sem expressão. Ao contrário de Collor, evitava olhá-la nos olhos. Leopoldo o apresentou:

— É o Egberto Baptista. Ajudou a eleger o Quércia aqui em São Paulo, e agora vai nos ajudar.

Egberto lhe estendeu uma mão mole e, depois de se cumprimentarem rapidamente, saiu da sala.

Zélia mencionou o encontro com Lélio. O sócio começou a rir:

— Gilberto Miranda é mesmo um craque.

— O que foi que ele fez? — perguntou Zélia.

— Pôs o irmão grudado no Leopoldo Collor e disse: você de hoje em diante se dedique integralmente aos Collor de Mello. Toma café da manhã, almoça, janta e dorme com essa família, porque senão eu te deserdo.

Gilberto Miranda era sócio de Lélio em alguns negócios, e Zélia o conheceu. Pergunto-lhe o que acha dele. Ela prefere não dizer.

Gilberto, irmão de Egberto. Os sobrenomes são diferentes porque, ambos sendo Miranda Baptista, um assina Miranda, o outro Baptista — bem a propósito, ninguém precisa saber do parentesco entre eles. O próprio Collor não sabia — ficou sabendo por Zélia, já Ministra, depois que ele havia nomeado Egberto Secretário do Desenvolvimento Regional.

Ela nunca teve muita relação com Egberto, nem antes nem depois de assumir o Ministério. Lélio ainda tentou aproximá-los, mas ele fizera algo que ela não podia admitir, do qual deu notícia ao Presidente e aos jornais:

assumiu com ela e com João Maia compromissos funcionais que não cumpriu.

Quanto a Leopoldo, também não mais o viu (ao demitir-se, recebeu dele um simpático cartão). Tiveram algumas divergências durante a campanha. Entre o primeiro e o segundo turno ela protestou contra o sórdido programa de propaganda de Collor pela televisão, que revoltou o Brasil inteiro: apresentava uma entrevista da ex-namorada de Lula, Mirian Cordeiro, acusando-o de ter proposto o aborto da filha deles, Lurian. Zélia manifestou sua indignação, inclusive pelos jornais. Outros programas ainda piores, de que tomou conhecimento, felizmente não chegaram a ser apresentados.

Em junho de 1989 Zélia fez com o candidato Collor uma viagem à Europa. Além dos dois, a comitiva, reduzidíssima, compunha-se de Cláudio Humberto e Luís Carlos Chaves. Em meio à viagem, Rosane, Leda e Marcos Coimbra juntaram-se a eles.

Em Lisboa, almoçaram com o Presidente Mário Soares; em Paris, houve uma audiência com o Primeiro-Ministro Michel Rocard; em Londres, foram recebidos pela Primeira-Ministra Margaret Thatcher; em Bonn e em Milão, ela encontrou-se com Alfred.

A ESSA altura eu lhe pergunto como eram as suas relações com uma pessoa tão contraditória como o Presidente Collor.

Pensando em voz alta, ela me fala nas qualidades que admira no Presidente, a quem estima e respeita, e que continuam a prevalecer. Foram acontecimentos provocados por alguns assessores seus que gradativamente acabaram levando-a a se afastar do Governo. As relações pessoais entre os dois é que vieram se modificando com o tempo. Ele aos poucos foi assumindo uma postura presidencial. A princípio era o amigo a quem chamava pelo primeiro nome. Claro que depois de eleito passou a chamá-lo de Presidente, em público ou nas audiências — mas chegou a pensar que ele esperava dela esse tratamento mesmo quando estivessem a sós, impondo insensivelmente uma distância que a intimidava. Foi criando barreiras, fortalecendo a couraça que já tinha antes em torno de seus sentimentos, que acabavam por não se manifestar.

Reconhece que algo semelhante se passou com ela própria, quando Ministra. Tinha de colocar certas barreiras em torno de si para proteger a sua privacidade, e no entanto quantas vezes não foi invadida da maneira mais desrespeitosa. Lembra-se que Ibrahim Eris costumava dizer:

— Como é difícil recuar na intimidade.

Na sua opinião, existem pelo menos três Fernando Collor: um, capaz de ouvi-la, e ao Kandir, ao Eduardo Teixeira, ao João Maia, e se comprometer com as idéias da equipe econômica, com coragem para aplicá-las; outro, casado com Rosane, toma café da manhã com o Cláudio Humberto, conversa com Eduardo Cardoso e Paulo Octávio, almoça com o general Agenor; um terceiro que não conversa: ouve e fala, sem que haja necessariamente uma relação entre as duas coisas. Os três têm em comum sobrepor sempre o interesse do país ao interesse próprio.

São, portanto, pelo menos três Collor em permanente conflito entre si. Se bem me lembro, a função do analista de Zélia é a do anfitrião numa festa, apresentando os convidados uns aos outros: ele apresenta ao paciente os demais que compõem a sua personalidade. Pergunto-lhe se não seria o caso de um analista apresentar cada Collor aos outros dois.

Seja como for, ela faz questão de reafirmar a sua gratidão pela maneira com que Fernando Collor sempre soube tratá-la: com espírito público de Presidente, em assuntos de interesse do país; com sensibilidade de amigo, em assuntos de sua vida particular.

Especialmente em relação ao seu caso de amor.

XIII

A PRINCÍPIO só dois assessores colaboravam com Zélia na elaboração de um programa para o candidato: Luís Eduardo Assis e José Francisco Gonçalves, o Kiko. Mas ela consultava quem podia, aqui e ali, diferentes especialistas, recolhendo idéias e sugestões. Usava a sua própria casa na Morungaba como local de reunião.

Aos poucos o pequeno grupo foi-se ampliando. Zélia só convocava quem acreditasse no programa e estivesse disposto a trabalhar. Dividiu-os em grupos, cada qual entregue a projeto específico em diferentes setores. Raul Cutait e Luís Romero cuidavam da área de saúde, Ramon Arnus e Ismael Barros de habitação e saneamento, Pedro

Bara de reforma administrativa, Carlos Eduardo de Freitas e Antônio Pargana, de dívida externa, Victor Figueiredo e Francisco Luís Batista da Costa, de transportes, e assim por diante. Venilton Tadini, seu velho amigo, ajudava em várias frentes: economia, privatização, energia. Zélia, Kiko e Luís Eduardo se desdobravam em contactos, inclusive com áreas do Governo como o BNDES.

Até ali era um programa a ser tornado público e debatido abertamente, com uma série de medidas avançadas, revolucionárias mesmo: a abertura de fronteiras ao comércio exterior, jamais realizada neste país, com o estímulo à competitividade; fim dos incentivos fiscais indiscriminados, passando a ser admitidos somente para alguns casos específicos; estímulo à modernização, avançando muito mais na abertura para a informática, na área da tecnologia, no reconhecimento da propriedade industrial.

Houve em todas as áreas resistência na aplicação do programa. Numa delas, a da informática, remanescentes de algo chamado SEI, Secretaria Especial de Informática — segundo Zélia o que há de mais atrasado neste país —, acabaram criando uma série de empecilhos. A nova política em relação ao comércio industrial e ao comércio exterior significava uma mudança de 150 graus em relação a tudo que fora feito antes. Paralelamente, havia projetos relativos à privatização, reforma administrativa, reforma fiscal, tratamento soberano da dívida externa.

Uma das críticas que se faziam era a respeito do sacrifício que o programa viria impor à Nação.

Ela se defendia, afirmando que para chegar a certo grau de desenvolvimento é inevitável perder alguma coisa:

— Estamos num estágio em que sacrifícios são necessários. E os sacrifícios têm de ser da classe empresarial, dos privilegiados. Não podem vir do povo, porque há muitos anos que a maioria esmagadora da população brasileira já se sacrifica, vivendo na maior miséria, não tendo alternativa de vida, nem mesmo condições de sobrevivência. Nada mais enganador do que a condição do Brasil, propalada com orgulho, de oitava economia do mundo, quando não passamos de milhões de miseráveis como nos demais países do Terceiro Mundo. Temos de sofrer para crescer. Este é o problema do Brasil. As pessoas não se convencem de que não há crescimento sem dor. Um crescimento consistente implica necessariamente um período de perda, de alguma recessão. Isso é que é difícil de compreender, para os que sempre se beneficiam da desgraça da maioria.

EM SETEMBRO deram por terminada a primeira parte da tarefa e puderam submeter ao candidato as *Diretrizes da Ação do Governo Collor*. Foi o único a apresentar um programa — justamente aquele que era acusado de não ter nada na cabeça nem programa algum de governo.

A partir de então houve com ele uma série de reuniões. "Zélia estava sempre na hora das formulações, dos documentos, das decisões", escreve o jornalista Sebastião Nery em seu livro *A História da Vitória — Por que Collor Ganhou*:

"Trabalhou meses na preparação de todo o projeto. Zélia organizava as reuniões, Collor pegava o bloco, a caneta, o charuto e ficava horas e horas, manhãs e tardes inteiras, comendo sanduíche com coca-cola, ouvindo um a um, fazendo perguntas, verdadeiros interrogatórios, concordando, contestando, debatendo, anotando.

Foram mais de duzentos técnicos, professores, economistas, sociólogos, gente de todas as áreas, que Zélia convocou e articulou para a montagem do programa. Ela, na mesa, regia. Pedia a cada um que falasse. Collor assistia, ouvia, discutia, dava a palavra final.

Poucas vezes uma mulher, apesar de jovem, doce e aparentemente frágil, teve uma participação tão decisiva em um instante tão fundamental na história do País."

Em novembro Collor pediu a Zélia que procurasse o relator da Constituinte, deputado Bernardo Cabral:

— Ninguém conhece mais o espírito da Constituição, sabe o que pode e o que não pode ser feito. Já lhe mandei o programa. Telefone marcando um encontro, converse com ele.

Ela talvez não houvesse obedecido se pudesse adivinhar que naquele instante estava decidindo o seu destino.

BERNARDO Cabral a recebeu formalmente em sua casa. Nunca o tinha visto em pessoa. Só o tratou de deputado e senhor:

— Era mesmo um senhor, bem mais velho do que eu, gordo e meio careca.

Ficou satisfeita ao perceber que ele devia ter lido o programa *Diretrizes da Ação do Governo Collor* com muita atenção, pois fez vários comentários. Depois lhe deu de presente um livrinho da Constituição, com introdução de sua autoria.

Entre novembro e dezembro marcaram várias reuniões, algumas na casa dele, sempre com um ou outro companheiro da equipe. Só mais tarde, retrospectivamente, ela começou a notar alguns detalhes que na época lhe escapavam. A relação dele com a mulher, por exemplo, era bem à moda antiga. Mal chegou a conhecê-la, pois ela não aparecia na sala senão para servir um café ou a comida:

— D. Zuleide! — gritava ele para a cozinha: — Capricha no almoço para D. Zélia!

Conversavam muito, e Zélia o via como um amigc mais velho, experiente, que podia ajudá-la. Tratava-a com o carinho paternal que tanta falta lhe fazia desde a morte do Dr. Emiliano.

Custou a perceber o sentido de certas atitudes dele, que lhe pareciam um tanto inusitadas. Costuma ser muito distraída, demora a se dar conta de que algum homem está interessado nela.

Ele a chamava a todo momento ao seu gabinete, contíguo à sala dela, agora no Bolo de Noiva — horrendo anexo do Itamarati, sem serventia, que a equipe passara a ocupar. (Acabaria composta de cinco coordenadores, sessenta técnicos em 34 salas, com 47 linhas de telefone, dois fax, dois telex e duas xerox.) Bernardo Cabral já era tido como Ministro e ela ainda não, o que complicava mais as coisas:

— O Ministro está chamando a senhora — vinha dizer-lhe o assessor.

E ela tinha de ir. Para nada — a não ser aquilo que em Minas se chama "conversa de cerca-lourenço".

— Esse Américo Vespúcio precisa parar de te chamar — dizia João Santana.

Em breve Eduardo Teixeira estaria se referindo a ele como Boto Tucuxi — o da lenda amazônica, que aparece nos bailes transformado em dançarino, seduz as moças e antes da madrugada pula no rio, virando boto outra vez.

Andei há algum tempo pesquisando as histórias do boto, para um livro que escrevi sobre Manaus:

"A sua existência se circunscreve hoje a breves aparições nas águas do Rio Negro, o dorso luzidio, corcoveando entre os companheiros, como tive ocasião de ver. É audacioso e folgado. Chega mesmo a meter o focinho na canoa dos pescadores para surrupiar um dos peixes já apanhados. Mas houve época em que o negócio dele era mulher: não havia aquela que escapasse à sua sedução, quando se transfigurava em homem. Costumava mesmo virar a canoa que tivesse mulher, para que ela ficasse ao seu alcance dentro d'água. E estando menstruada, ele se excitava ainda mais: melhor nem se aproximar do rio. Eram sem conta as suas aventuras como desencaminhador de mulheres.

Já se foi o tempo em que ele saía da água, vestido de príncipe, com roupa de brocados, renda nos punhos, chapéu de plumas, o espadim à cintura, para conquistar o coração das donzelas. Durante a era da borracha ainda fez suas aparições, transvestido de janota, terno de linho branco, camisa de palha-de-seda, gravata-borboleta, sapato de duas cores e bengala de junco com castão de ouro. Hoje em dia pode ser que apareça de camiseta, *jeans* e tênis, mas seus poderes de grande conquistador não impressionam mais ninguém."

XIV

A PARTIR da vitória de Collor no segundo turno das eleições, a equipe econômica começou a trabalhar no plano específico de combate à inflação. Eram decisões que envolviam medidas severas. Por exigência de sigilo absoluto, só seriam anunciadas no dia seguinte ao da posse. Zélia tinha novas idéias, e aos poucos foi mobilizando outros nomes, para se juntar ao que eles próprios chamavam de ''Exército de Brancaleone''. Eram agora sete, além dela: Luís Eduardo, Venilton, Ibrahim, Kandir, Kiko, Motta Veiga e Modiano. Sete gatos pingados decidindo os destinos do país.

Luís Eduardo Assis era uma grande inteligência. De

um senso de humor temperado com ironia, tinha uma visão realista dos problemas. Bom economista, um tanto cético, não se deixava empolgar pelo entusiasmo, nem manifestava tanto espírito de luta como Antônio Kandir, por exemplo. Achava que devemos nos adaptar às circunstâncias. Tal atitude o levava às vezes a não acreditar que as coisas podiam mudar.

Venilton Tadini, além de bom economista, era um batalhador, com grande senso de equipe. Havia estudado com Zélia e Luís Eduardo no mestrado. Ela era sua madrinha de casamento. Fora valiosa a ajuda por ele prestada no tempo de Funaro.

Zélia lamentava que o intenso trabalho de Luís Eduardo no Banco Central viesse a impedi-lo de ter com ela uma atuação tão constante como antes. O mesmo se dava em relação a Venilton, quando se tornou diretor do BNDES. Sabia que podia contar com a colaboração de ambos nas posições que passaram a ocupar, mas sentia falta da sua presença em momentos importantes.

Ibrahim Eris, ex-professor de Zélia, não correspondia à imagem de "homem forte" que lhe atribuíam: sua estrutura emocional levava-o às vezes a certa ansiedade. Mas era sem dúvida o mais brilhante economista da equipe — o mais agudo, o mais rápido nas conclusões. Concebia a Economia sem conotação política alguma. Um economista, para ele, não passava de um técnico — confirmando a definição atribuída a Dilson Funaro, segundo a qual o economista é como um livro que se retira da estante, consulta-se e torna-se a colocar na estante. Zélia não pensava assim: para ela, ao contrário, a Economia não é uma ciência abstrata — nem ciência, nem abstrata: é uma questão política. Envolve a gestão de bens públicos e privados, lida com gente que está ganhando ou perdendo. A inflação é também um fenômeno de natureza política, conseqüência de anos e anos de incompetência na direção do país.

Antônio Kandir vinha a ser outra grande cabeça de economista: raciocinava com lógica e lucidez, capaz de ver a um só tempo uma gama larga de soluções para qualquer problema.

— Pode ser que lembre um pouco o professor Pardal, aquele personagem do Tio Patinhas — acrescenta ela. — Mas adquiriu capacidade executiva e tem uma visão política da economia.

Sua principal virtude, entretanto, era ser uma pessoa suave, de doçura no trato, e de um otimismo que se confundia com o que os ingleses chamam de "*wishful thinking*": acreditava no que fazia, achava que tudo ia dar certo — e sua convicção costumava ser contagiante, acabava mesmo dando certo.

José Francisco Gonçalves, o Kiko, o mais antigo companheiro de Zélia, se tornou seu assessor especial. (Usava rabo-de-cavalo, Collor gostava, mas ela o fez cortar: não ficava bem um membro de sua equipe defendendo pela televisão, com aquele cabelo, o programa do Governo.) Como economista, se parecia com Kandir, embora sem vocação executiva: inteligente, esclarecido, de ótima formação e excelente capacidade analítica, era dos que viam a economia também como uma questão política. Certas características de temperamento — amargura, pessimismo — faziam com que em algumas reuniões ficasse mudo horas e horas.

— Mas sua lealdade, os constantes e inteligentes alertas eram indispensáveis para nós — comenta ela. — Por isso de vez em quando tínhamos de usar saca-rolha para arrancar alguma coisa dele.

Entre o primeiro e o segundo turno das eleições, Motta Veiga havia promovido uma reunião de economistas do Rio, entre os quais Modiano. Zélia trouxera ambos para a equipe, além de outros que ia selecionando.

Luís Otávio da Motta Veiga havia revelado competência como Presidente da CVM (Comissão de Valores Mobiliários). Não se poderia dizer que se tratasse de "um estranho no ninho", pelo fato de ser advogado e não economista, embora isto lhe desse características próprias: era um bom executivo, firme, eficiente. E competitivo. Em todos os sentidos.

Eduardo Modiano, como Kandir, era outra doce figura, cheia de simpatia no convívio. Preparado e capaz, de lúcida inteligência e rapidez de apreensão, a timidez de seu temperamento o levava a uma cautela que às vezes poderia servir-lhe para disfarçar a insegurança.

A eles se incorporaram dois novos colaboradores:

Eduardo Teixeira, o mais duro deles, batia em quem devia bater — o que não significa que não fosse afetivo no convívio, mas sem a suavidade dos demais. Bom economista, extremamente pragmático, no pólo oposto ao resto da equipe em relação à política, da qual revelava uma experiência que os demais às vezes não tinham.

João Maia, também excelente economista e executivo, era espírito do mais alto astral, sempre para cima, extrovertido, e de uma estimulante visão positiva das coisas.

Alguns deles, como Eduardo Teixeira, João Maia, e

ainda Sérgio Nascimento, João Santana, Carlos Moraes, faziam parte do grupo, mas só tomariam conhecimento das medidas sigilosas no último momento.

Foi curiosa a maneira pela qual Ibrahim se juntou a eles. Zélia pretendia falar com Ibrahim Elias, antigo colega seu, mas a secretária por engano ligou para Ibrahim Eris.

— Bom, já que é você — disse ela, surpreendida —, precisamos conversar.

Ao fim de um almoço no restaurante Rubayat, ele ficou inclinado a colaborar, embora fosse eleitor do PT. Mas seu pai logo em seguida morreu na Turquia e ele teve de ir para o enterro, nem chegou a votar.

Ao seu regresso, ela o procurou de novo:

— Collor ganhou, como você sabe. Está na hora de ajudá-lo.

Nova conversa, desta vez na companhia de Kiko e Luís Eduardo. Por puro prazer acadêmico, ali mesmo Ibrahim começou a formular o plano com eles — os três Brancaleone do princípio.

Seja como for, ela faz questão de enfatizar, poucas vezes no Brasil se reuniu uma turma como essa, não de funcionários públicos ou de burocratas, mas de jovens profissionais da maior competência e criatividade, trabalhando em harmonia, com dedicação, entusiasmo e patriotismo, sem outro interesse senão o de defender a causa pública.

E, coisa mais rara ainda — sou eu quem enfatiza: sob o comando de uma mulher.

Faltava Kandir, que se encontrava em lugar incerto e ignorado. Afinal, em dezembro o localizaram em Londres. Zélia imediatamente ligou para ele:

— Quanto tempo você ainda fica aí?

Ele parecia meio no ar ante o convite que ela lhe fazia, mas demonstrou interesse em colaborar. Ela foi chamada a Roma para encontrar-se com Collor, que tinha consigo Ronaldo Monte Rosa como assessor. De lá tornou a ligar para Kandir:

— Como é, você vem com a gente?

Ele fez uma pergunta tipicamente sua:

— Qual é o espaço que nós temos?

— Depende de nossa competência — respondeu ela. — Se formos competentes, todo o espaço. Se não formos competentes, nenhum.

— Conte comigo — disse ele.

Especialmente convidado para se encontrar com o Presidente eleito, tinha ido a Roma o executivo Daniel Dantas, carioca, economista do Grupo Icatu, encarregado de administrar a fortuna do empresário Antônio Carlos de Almeida Braga. Collor lhe encomendara um estudo sobre hiperinflação e salários. Era o candidato a Ministro da Economia favorito do empresário Olavo Monteiro de Carvalho, ex-cunhado de Collor. Mas Dantas, ainda no Brasil, havia sugerido a Collor dar o calote na nossa dívida interna. Teve como resposta um desafio:

— O senhor assinaria embaixo?

Em outras palavras, Collor queria saber se ele era, na expressão de Machado de Assis, de "dar barretadas com o chapéu alheio".

Zélia lhe fez várias perguntas a pedido do Presidente, e voltou a encontrá-lo mais tarde num restaurante em São Paulo, onde, segundo foi noticiado na época, o teria convidado para colaborar com a sua equipe, o que ele delicadamente agradeceu. Já voltara de Roma com uma despedida do Presidente que lhe havia tirado qualquer esperança:

— Quando estiver no Brasil, procure a Dra. Zélia.

ANTÔNIO Kandir chegou de Londres e achou tudo muito misterioso: mal pôs o pé em casa, um carro com motorista o apanhou e levou para o Transamérica, hotel de cinco estrelas onde Zélia estava hospedada com a sua equipe — melhor diria internada.

O assédio de repórteres e fotógrafos já não lhe permitia locomover-se à vontade. Era constantemente vigiada. Vinha usando dois carros Santana, ambos de cor azul — um deles para despistar a imprensa. Escapava do cerco com habilidade. Mas já então, quando não conseguia evitá-los, enfrentava os jornalistas com categoria, atenção e elegância, revelando segurança em relação aos assuntos abordados e determinação em seus objetivos. Foi para eles uma surpresa. Poucas vezes haviam encontrado uma mulher que lhes desse impressão de tamanha firmeza, sinceridade e convicção.

Eram de novo sete, naquele esconderijo. A suíte de Zélia tinha uma sala onde ficaram juntos dia e noite de quarta a domingo, num trabalho só interrompido para um sanduíche ou alguns minutos de sono.

Aliviando a tensão da luta contra o tempo, brincavam e faziam piadas — inclusive sobre a "apreensão'' de Zélia, a partir do momento em que verificou de súbito que era a única mulher no meio de tanto homem: eles acabariam querendo pegá-la, não teriam contemplação...

O plano foi sendo elaborado em meio a verdadeiro *brain-storm*. Dispunham de um computador, mas tudo estava mais na cabeça de cada um. Após dois dias de muita discussão, conseguiram uma definição do arrocho monetário que "deixaria a direita irritada e a esquerda perplexa".

Só foram descobertos pela imprensa no sábado, quando uma repórter se disfarçou de camareira para surpreendê-los. Antes de abrir a sala aos jornalistas, todos se compenetraram, trocando idéias sobre o que dizer, como dizer e sobretudo não dizer. Para impressioná-los, Modiano encheu o quadro negro de ''fórmulas diabólicas''.

Ainda no sábado convocaram Eduardo Teixeira e alguns outros para opinar. No domingo, exaustos, mas rindo de alívio e satisfação, deram o trabalho por pronto para ser apresentado a Collor.

Foram todos para Brasília naquela mesma noite. Segunda-feira pela manhã tiveram uma reunião com o Presidente no Bolo de Noiva. Collor achou o plano audacioso, mas era justamente o que queria.

— O olhinho dele brilhou — conta Zélia.

Só no último momento a poupança seria incluída no bloqueio (não se tratava de um confisco — ela detesta esta palavra, erroneamente usada mais tarde). Até então só se cogitava do *over*. Já em setembro, durante um almoço da turma com Collor no restaurante Rodeio, em São Paulo, ele dizia:

— Minha intuição me diz que se não bloquearmos o *over*, não vai dar certo.

Luís Eduardo tentava contê-lo:

— Isso vai ser muito traumático.

Collor sacudia a cabeça, teimoso:

— Sem pegar o *over* não dá certo.

Embora trabalhassem no maior sigilo, a imprensa continuava a persegui-los. Houve um desentendimento, o primeiro, entre Modiano e Motta Veiga. No que se poderia considerar um ligeiro surto de estrelismo, Motta Veiga fez chegar aos jornais a notícia de que "sua missão estava cumprida", ia tirar férias e viajar:

— Ele não imaginava que eu seria Ministra — diz Zélia.

Modiano também tirou férias e viajou, mas acabou voltando.

Em meados de janeiro a própria Zélia se ausentaria do país: foi convidada para integrar a comitiva do Presidente eleito em viagem ao redor do mundo.

XV

COLLOR, surpreendendo o país inteiro, havia escolhido para a sua primeira viagem ao exterior, depois de eleito, as Ilhas Seychelles, a leste da África, onde passou o *réveillon*. Foi uma viagem de pura recreação, sem nenhuma expressão política.

Zélia passara o ano em Punta del Leste, na companhia de Eduardo Modiano, e aproveitara para ter dois encontros com Luis Alberto Lacalle, Presidente eleito do Uruguai.

Collor iniciaria o seu périplo internacional a 20 de janeiro, numa rápida visita oficial ao Paraguai, Uruguai e Argentina, levando consigo Zélia como única assessora econômica. E a 24 embarcava com a comitiva para a volta ao mundo.

Era uma viagem de dezenove dias, meticulosamente programada pelo Itamarati. Tinha um assessor diplomático, Gelson Fonseca Júnior, Ministro de Segunda Classe, ex-Chefe de Gabinete do Embaixador Paulo Tarso Flecha de Lima na Secretaria Geral. Previa reuniões de alto nível com os Chefes de Estado de praticamente todos os países a serem visitados: Estados Unidos, Japão, União Soviética, Alemanha Ocidental, Itália, França, Grã-Bretanha, Espanha e Portugal.

Zélia não estava tranqüila. A expectativa de ir a todos esses lugares se confundia com a expectativa maior que pairava no ar: a de vir a ser Ministra da Economia. Ela ainda estava em dúvida: ora queria, ora não queria — daí a sua angústia. Collor havia declarado aos jornais que assumiria ''pessoalmente'' a condução da nossa política econômica e os ministros seriam ''seus auxiliares''. Os interlocutores nesta área eram então Mário Henrique Simonsen, Daniel Dantas e André Lara Resende. Já havia anunciado oficialmente o nome de Bernardo Cabral como futuro Ministro da Justiça — o primeiro a ser escolhido. E então? Como vivia afirmando a seu amigo e companheiro Sérgio Rocha, desde os tempos da campanha, a rigor, no fundo do coração ela preferiria continuar como assessora econômica do Presidente.

Ou do Fernando, simplesmente.

Era uma experiência perturbadora, aquela viagem, que mais parecia uma gincana. E havia as pessoas que desta vez compunham a comitiva de Collor e com quem teria de conviver diariamente: sua esposa Rosane, Leda e

Marcos Coimbra, Cláudio Humberto Rosa e Silva, Gelson Fonseca Júnior, Dário César Barros Cavalcanti, Luís Carlos Chaves.

Com alguns, como Gelson Fonseca, essa convivência em princípio não seria difícil. Afeiçoara-se logo a ele, era uma figura extraordinária: inteligente, culto, cético, engraçado. Cláudio Humberto contava com sua simpatia. Marcos Coimbra era outra boa figura, de presença suave e equilibrada.

Quanto aos demais, não teria dificuldades com Dário, a quem se afeiçoou durante a campanha: tenente da PM de Alagoas e ajudante-de-ordens do Presidente, certamente se limitaria ao cumprimento de suas funções. E Luís Carlos Chaves era também de convívio agradável. Vinha a ser Secretário particular e homem da confiança de Collor, desde os tempos de seu pai Arnon de Mello.

Restavam as duas mulheres, Rosane e Leda. Como se entenderia com elas?

DURANTE a longa viagem a Tóquio, foi repassando a lembrança das emoções vividas até ali. O choque com as vaidades de cada um, a máscara caída de outros, o desfile de indignidades que viera presenciando nos últimos tempos. Os novos e velhos falsos amigos. Lembrava-se também de João Santana e das suas dúvidas, talvez derivadas de certo ciúme. Ou do excesso de "democratismo" a que ela se entregava, que lhe dificultaria o exercício da autoridade caso assumisse o papel de Ministra. Sentia-se sobre o fio da navalha. Mas o dilema que estava vivendo a fazia crescer a seus próprios olhos.

Mal passaram por Nova York e seguiram para Washington de trem. Foi útil e oportuna a conversa com Camdessus, do FMI, abrindo boas perspectivas para o Brasil. E o Embaixador Marcílio Marques Moreira era melhor do que ela esperava, atencioso e afável.

Quanto à hipótese de ser Ministra, uma vez que o programa econômico já fora aceito, restavam alguns pontos que gostaria de discutir com Collor antes de aceitar:

1. Necessidade de um entendimento total.
2. Conversa franca e leal, sem meias palavras.
3. Dívida externa: reais propósitos, qualificação de interlocutor, tática x estratégia.
4. Jamais perder de vista o objetivo final.

Não vinha encontrando oportunidade de ter essa conversa com ele. Ao longo da viagem, o Presidente alternava carinho e irritação para com ela. Em Washington, num momento de carinho, havia perguntado:

— Zélia, me diga onde tem remédio para curar essa sua tosse e eu mando buscar, seja onde for, me diga onde.

Ela vinha sofrendo uma crise de tosse que a levou a parar de fumar.

Na sua primeira manhã de Tóquio, acordou bem cedo e viu Collor passar pelo corredor do hotel lhe dando bom-dia já de mau humor. Mais tarde mandou chamá-la para uma conversa amena. Aquela alternância de tratamento a desorientava. Por seu lado, ela sentia que também teria de mudar o comportamento, ser menos tímida e contida, dizer sempre o que pensava.

Ao mesmo tempo, assistindo às conferências de que Collor participava, concluía que ele era cativante, envolvente, carismático mesmo: conquistava cada interlocutor com uma palavra de simpatia, fazia votos de felicidade pessoal, saúde, prosperidade.

NO VÔO da Aeroflot de Tóquio a Moscou (um vôo barulhento, comida de bordo detestável, poltronas apertadas, calor e frio se alternando), Collor teve outro momento de irritação. Desta vez a causa foi o artigo de um jornal brasileiro que lhe fizeram chegar às mãos, pondo em dúvida a sua coragem de "fazer os ricos pagarem a conta".

A irritação de Collor por sua vez a irritou. Voltou a envolver-se em dúvidas e apreensões: cada vez que lhe ocorria o que a esperava, tinha ímpetos de desistir ali mesmo. Encolhida na poltrona, sentada sobre as pernas, dava vazão ao seu mau-humor, pensando quase em voz alta:

— Não estou bem, e acabo dando prova disso daqui a pouco. Não estou bem porque em bom português não tenho saco para conversa mole, o poder não me atrai, não gosto de bajulação nem badalação, não sou puxa-saco, só falo o que for preciso, falo o essencial, tenho de encontrar um jeito de sair dessa.

Não gostou de Moscou, como não havia gostado de Tóquio. Deu apenas uma volta pelas ruas e, além de não achar a menor graça, voltou gripada. Incomodam-na as coisas que não conhece, aquilo que não tem como administrar: era um lugar onde mal podia se locomover, não entendia o que falavam, ninguém a entendia, o alfabeto era diferente, a comunicação visual praticamente nula. E achou a cidade triste, sombria, o tempo feio, nublado, as ruas cobertas de neve suja, já transformada em lama. Tudo cinzento ou marrom. A Praça Vermelha era mais bonita pela televisão do que na realidade.

Entregue às suas preocupações, pela primeira vez lhe ocorreu que a distância deliberadamente estabelecida naquela viagem por Collor em relação a ela talvez decorresse da presença da mulher. Só esta idéia já lhe fazia voltar a inquietação. Não nascera para aquela vida.

Não conseguiu dormir naquela noite, mas não tomou remédio contra insônia, ficou de olhos abertos para a madrugada de Moscou.

Em compensação, dormiu durante a viagem inteira de Moscou a Bonn. Seu contacto com a comitiva se limitou a um olhar cúmplice que trocou com Gelson, de quem já se tornara amiga.

Depois da visita protocolar ao Presidente alemão, Collor foi recebido no Parlamento. À noite, em vez de jantar com ele e a mulher, Zélia preferiu a companhia apenas de Gelson, com quem se abriu, falando das incertezas que a assaltavam. Encontrou de sua parte compreensão e solidariedade:

— O poder — afirmou ele — tem que arbitrar para mostrar que é poder.

— A Rosane arbitra o tempo todo — concluiu ela.

O ÚNICO incidente até ali se deu em Berlim, durante a visita ao Muro, quando Collor foi alvo de uma vaia organizada por um grupo de brasileiros do PT. O Presidente fez por ignorar a manifestação e Zélia se manteve discreta. Mas a ser verdade o que noticiaria com todas as letras um jornal de São Paulo, quando um manifestante pôsse a berrar em seu ouvido, ela teria retrucado com ener gia:

— Cala essa boca, pô!

Na Itália pernoitaram em Roma. Na manhã seguinte seguiu com Marcos Coimbra para Turim, onde contou com a assessoria extra de Roberto Irineu Marinho e Olavo Monteiro de Carvalho, na visita que fizeram a Gianni Agnelli, dono da Fiat. Pareceu-lhe um aristocrata no melhor estilo, interessante, atraente. O pouco que pôde ver de Turim deu para perceber que era uma bela cidade. E houve um rápido passeio até Veneza, no avião de Raul Gardini — grande empresário italiano, na verdade mercador veneziano que morava num belo palácio.

Em Paris hospedaram-se no Intercontinental. Para sua apreensão de futura Ministra da Economia, achou que aquele hotel devia ser caríssimo — e nem por isso era lá essas coisas.

O encontro com o Diretor do Tesouro da França Jean-Claude Trichet a deixou satisfeita. Mas descobriu que protocolo às vezes tem a sua importância na vida oficial: no almoço com Michel Rocard, por exemplo, por engano puseram ao lado dele Gelson e não ela, tirando-lhe a oportunidade de conversar com o Primeiro-Ministro francês.

Sentiu-se inibida durante a entrevista com Mitterrand, mal ousou abrir a boca, Collor falou o tempo todo. Voltou-lhe a firme disposição de mudar de temperamento, caso viesse a ser Ministra — o que, aliás, não havia ainda decidido.

Em Londres, Margaret Thatcher se dirigiu especialmente a ela durante o encontro que tiveram — poderia ter correspondido, conversado com ela, ser mais descontraída e loquaz. A causa dessa contenção devia ser o constrangimento diante de Collor: ele podia não gostar.

O pitoresco do encontro com a Primeira-Ministra ficou por conta do Presidente, referindo-se como se fosse um livro ao presente que ele lhe dera — na realidade uma toalha.

No dia seguinte, em Lisboa, pôde confirmar o que já vinha intuindo desde o princípio da viagem. Na visita ao Presidente Cavaco e Silva, participava da conversa de Collor com ele quando sentiu a mão de alguém lhe empurrando o braço. Era Rosane que chegava. Foi um pequeno empurrão — mas era como se ela quisesse lhe dar um grande empurrão que a jogasse para bem longe:

— Com licença — disse Rosane. — Eu vou ficar aqui.

E ficou, sem que chegasse a participar da conversa.

NO ENCONTRO com Felipe Gonzalez, que durou mais de três horas, Zélia chegou a sentir-se mal. E pouco pôde apreciar o almoço com o Rei Juan Carlos no dia do regresso. Ficou claro para ela que Fernando Collor era ao mesmo tempo verde e brilhante: brilhante nas palavras, nos gestos, nas atitudes — e ninguém chega a Presidente da República aos quarenta anos sem ser brilhante. Mas lhe faltava experiência, que só o tempo lhe poderia dar.

Ou não.

Atingiram em Madri a última etapa da viagem. Ela estava exausta, cheia de incertezas. A amostra do que seria a vida "oficial" a desanimava. Certos comportamentos eram avessos à sua maneira de ser. A preocupação com normas protocolares sem importância, por exemplo: o motorista que não abriu a porta do carro como devia, a roupa que era inadequada para a ocasião, o prato que não devia ser servido assim, o talher que estava mal colocado. E sobretudo a necessidade de ser sempre simpática.

Na recepção oferecida à comitiva pela Embaixada Brasileira em Paris, teve uma antevisão do que seria a sua vida ministerial: um terrível assédio de gente de toda espécie, bajuladores, hipócritas, presunçosos, algumas boas pessoas, outras apenas insuportavelmente chatas.

E não conseguiu conversar com Collor como desejava. Ia ser difícil, se continuasse assim. Na última noite falou-lhe na necessidade de uma reunião. Ficou na dúvida se ele estaria mesmo impaciente ou queria se livrar dela antes que Rosane chegasse. Na manhã seguinte acordou irritada e deprimida. Se ela não falasse, não haveria a reunião. E se não houvesse? Arrependida, resolveu deixar que da próxima vez ele que marcasse o que quisesse.

Já seu filho de treze anos Arnon Afonso, que se juntara a eles em Bonn, era encantador, embora tímido e um tanto esquivo. Haviam se afeiçoado um ao outro. Uma das declarações dele à imprensa foi de que votaria duas vezes nela para Ministra da Economia se houvesse eleição para o cargo.

Durante quase toda a viagem ela falara pouco, somente quando instada por Collor, que pediu sua intervenção uma ou outra vez nas reuniões. Aos próprios jornalistas limitou-se a algumas palavras que pouco significavam.

Apesar de tudo sentia que não se saíra de todo mal. Tivera uma proveitosa reunião com Faria de Oliveira, Secretário das Finanças de Portugal, para discutir o plano português de privatização. Reunira-se também com o Clube dos Empresários Brasileiros em Portugal. Sua conversa na Inglaterra com o Ministro das Finanças fora razoável, assim também com o da França. Com quem tinha que ir bem, foi bem.

Ao mesmo tempo se sentia profissionalmente melhor. "Modéstia às favas": era inteligente, culta e capaz, não é isso mesmo? E trabalhadora, discreta, educada, tinha alguma capacidade de articulação e liderança. Estava decidido: aceitava ser Ministra.

Isto é, se fosse convidada.

XVI

SOMENTE depois de haver regressado a Brasília, Zélia entendeu as verdadeiras intenções do futuro Ministro da Justiça a seu respeito.

Mas fora traída pelo subconsciente, que se antecipara. Ainda a bordo, o perfume de uma aeromoça lhe despertou ternas reminiscências, que nem Proust explicaria, muito menos Freud: Tabac Blanc. O mesmo que Bernardo Cabral (por incrível que pareça) costumava usar. E ela havia suspirado, dizendo para si mesma:

— É tão difícil não sonhar…

Novamente no Bolo de Noiva, foi chamada ao seu gabinete. Desta vez ele fez uma investida mais direta:

— Tenho um presente para você.

E deu-lhe uma garrafa de champanhe — sabia que ela gostava:

— Vamos tomar juntos. Você vai preparar em sua casa um jantar para nós dois.

A geração de meu pai dizia "fazer a corte". A minha dizia "cantar" ou "dar em cima". A de Zélia diz mesmo é "paquerar":

— Ele está é me paquerando! — descobriu ela, pasmada.

Não sabia como se sair: vinte anos mais velho, casado, com um filho já homem. E não foi muito sutil: às tantas pretendeu mesmo beijá-la, não sendo bem-sucedido.

Aquilo representava um problema para ela. Não queria nada com ele, e muito menos confusão em sua vida. Tinha o seu trabalho, uma missão a cumprir. Queria mesmo era casar, não escondia isso, mas, para começo de conversa, com um homem solteiro, ora essa. E a bem dizer já tinha um em vista.

Só que não podia ser grosseira com o Ministro. Precisava, de sua parte, usar de sutileza. Ele insistindo em chamá-la a cada momento, apertando o cerco, cobrando o jantar. Um dia exerceu a sua autoridade: sem consultá-la, marcou almoço com ela num restaurante.

Ele não se importava de serem vistos juntos. Constava mesmo que tinha sucessivos casos amorosos, eram públicos e notórios, andavam de boca em boca.

Ela desmarcou o almoço à última hora, com uma desculpa qualquer, e voltou a dedicar-se ao trabalho.

NÃO conseguia esquecer a experiência da viagem, como antecipação do que seria a vida para ela em meio ao mundo oficial. Pensou em escrever ao Presidente uma carta sobre suas apreensões.

Dir-lhe-ia tudo aquilo que não havia conseguido dizer pessoalmente. Que não tinha parado um minuto desde que começara a ajudá-lo. Precisava descansar o corpo e o espírito. Para exercer um cargo público era preciso gostar do poder, ou querer roubar ou achar que é possível mudar o Brasil. Ela não gostava do poder, não aprendera a roubar e já não acreditava muito que pudesse mudar o Brasil.

Havia entrado na campanha para ajudá-lo, como amiga. Não auferira e jamais pretendera auferir vantagem, nem pecuniária nem de espécie alguma. Todas as noites dormia tranqüila porque sabia que no dia seguinte, se quisesse, poderia dizer adeus e voltar para a sua vida de sempre.

Durante a campanha eles pouco conversavam, por falta de tempo ou por não parecer necessário. Passadas as eleições, achou que afinal conversariam, pois sempre se considerou uma amiga que por acaso era uma economista com algum talento, mas sobretudo muita vontade de colaborar. Esta seria, na realidade, a única forma de se sentir bem no Governo: se pudesse manter com ele aquela espécie de amistosa cumplicidade. Só se sentia bem trabalhando com pessoas de confiança, com quem tinha boa relação pessoal. A própria amplitude dos problemas brasileiros exigia que fosse assim entre o Presidente e seus assessores mais próximos.

Não chegou a escrever a carta.

O trabalho da equipe econômica ia a pano solto. No primeiro sábado depois do regresso, Zélia refugiou-se em Búzios com Modiano, Ibrahim e Kiko. No domingo, Kandir e Luís Eduardo se juntaram ao grupo.

Nem assim puderam trabalhar em paz. Quando aproveitavam a manhã de domingo para um banho de mar, a imprensa os descobriu. Antes que fosse fotografada de biquíni ("queriam que eu tomasse banho de mar com quê?", perguntaria ela depois), vestiu uma camiseta que lhe atiraram, com os dizeres: "Autonomia de Búzios."

Foi assim que ela ingressou no movimento pela autonomia do município de Búzios.

Na segunda-feira teve um encontro com Maílson da Nóbrega. O ex-Ministro da Economia do Governo Sarney lhe proporcionou uma hora e quarenta minutos de excelente diálogo.

No Carnaval ninguém brincou em serviço. O time de economistas vivia se deslocando sem descanso de lá para cá. Numa reunião realizada sábado em Brasília, por ordem de Collor, leram o seu até então chamado "Plano de Emergência" para Bernardo Cabral e Marcos Coimbra.

Os dois escutaram em silêncio total. Ao fim, ambos estavam pálidos. Marcos não deu uma só palavra, Bernardo levantou algumas questões. E dali por diante ele passou a trabalhar com Ibrahim, na elaboração da Medida Provisória n.º 166, sobre reforma monetária.

Mais tarde Ibrahim diria a Zélia, com uma veemência que ela nunca haveria de esquecer:

— Você está enganada com relação a Bernardo Cabral, ele não é nada disso que você está pensando, sei o que estou dizendo; por favor, Zélia, acredite em mim, você está enganada...

DESTA vez não era um convite, mas um fato consumado:

— Vou gravar um programa de televisão em São Paulo na sexta-feira — comunicou ele. — Depois do programa você vai jantar comigo.

Estavam em fins de fevereiro, trabalhando 24 horas por dia. Ela alegou cansaço, mal dava para relaxar um pouco nos seus fins de semana em São Paulo. A gravação terminaria tarde...

— Não termina não. Ia ser às oito da noite mas transferi para quatro da tarde. Dá tempo de jantarmos cedo.

Naquela ocasião ela começava a sair com outro: um médico, ainda jovem (e além do mais solteiro), que viria do Rio onde morava para encontrá-la. Chegou justamente na sexta. Não tinha outra saída senão deixá-lo à sua espera:

— Vou ter que ir a um jantar com o Ministro — explicou.

Pôs uma "roupinha de noite" e foi encontrá-lo no Hotel Maksoud, onde estava hospedado. Subiu direto à sua suíte, como ele recomendara, disposta a lhe dizer está tudo bem, eu gosto muito do senhor, mas não dá, compreende?

O que não deu foi dizer logo o que havia ensaiado. Ele lhe abriu a porta, mandou que se sentasse e retomou uma conversa com alguém ao telefone. Dava a entender que era uma mulher falando sem parar, apenas concordava com monossílabos. A certa altura, tapou o fone com a mão e se dirigiu a Zélia, com voz pausada e grave:

— Solidão é uma coisa terrível.

Aquilo a encantou. Ele tinha o senso da oportunidade de dizer, em forma concisa e tom expressivo, algo que tocava fundo a sua sensibilidade.

Finalmente ele desligou e disse que se tratava da infeliz esposa de alguém cujo nome não chegou a revelar.

Via-se que se preparara para cativá-la. E realmente a cativou. Havia champanhe no balde de gelo, canapés variados, e vinho francês, uísque escocês, vodca polonesa, à escolha. Ele se portava com a distinção de um *gentleman*. Fosse outro qualquer, ia querer agarrá-la e levar para o quarto. Em vez disso, passou a elogiá-la com requintes de doçura, em palavras que eram de mel, para a sua alma tão carente de compreensão e afeto. Ela alegava que estava cansadíssima com tanto trabalho, ele respondia com mel. Que sua vida ultimamente era preocupação sem conta — mais mel.

A certa altura ele propôs:

— Vamos descer para jantar?

Levou-a ao restaurante do próprio hotel, e o jantar, finíssimo, também foi servido com toneladas de mel. Ele havia intuído como aquela mulher ainda jovem e bela estava macerada pela pressão que vinha sofrendo, excesso de trabalho, responsabilidade além de suas forças. Foi o primeiro homem em sua vida a perceber que ela era frágil, sem outra proteção senão a da figura pública sob a qual se escondia. E tome mel.

Foi tudo, naquela noite. Mesmo porque tinha outro a esperá-la. Despediram-se sem que ela chegasse a falar que não queria nada com ele.

E saiu querendo.

Para alguma coisa havia servido: percebeu que o outro, embora fosse de sua idade, era uma escolha insensata, não havia nada de comum entre eles, não quis mais vê-lo.

Chegando ao Bolo de Noiva, encontrou em sua mesa um buquê de rosas com um bilhete carinhoso, dizendo, entre outras coisas, que era impossível esquecê-la por um minuto sequer.

E ele passou a ir à sua sala todos os dias: trancava a porta e despejava-lhe elogios e declarações de amor. Ela ficava maravilhada.

Em março, ele viajou com o Presidente. Regressou um dia mais cedo do que era esperado em casa e foi direto para a Academia de Tênis — na realidade um hotel, onde Zélia e sua equipe estavam morando. Ela ocupava um chalé onde ele ficou em sua companhia até de madrugada, sem que ninguém chegasse a saber.

No dia seguinte trabalharam juntos, como sempre. À noite ele tinha de gravar um programa de televisão, de que se serviu para voltar a ficar com ela até de madrugada. E assim foi, durante noites seguidas, sem faltar uma só.

XVII

OS DIAS que antecederam a posse do Presidente foram febris para Zélia e sua equipe. Os companheiros lhe diziam, alvoroçados, que ela teria de ser Ministra de qualquer maneira, para que o plano fosse rigorosamente executado:

— De qualquer maneira, não — protestava.

— Senão nós é que seremos executados.

A excitação de todos naqueles dias se traduzia em gracejos, alguns carregados de humor negro. Um deles afirmou que, a partir da divulgação do plano, teriam que ficar trancados dentro de casa:

— Se puser a cabeça do lado de fora, alguém corta.

E entravam pela noite na Academia de Tênis, trabalhando no plano sem descanso, com convicção e entusiasmo, para finalizá-lo em tempo.

— Você acha que o Collor vai chamar o Delfim, por exemplo, para realizar o programa que você montou?

— Tem que ser você, mais ninguém.

A sua grande preocupação, porém, já não se circunscrevia a ser ou não ser Ministra, mas à certeza de que o plano, se cumprido à risca, seria terrivelmente duro para muita gente. A essa altura já estava previsto o bloqueio também das cadernetas de poupança, como indispensável — restando apenas estabelecer o limite da retirada permitida, o que só ficaria decidido no último momento.

Lembrava-se, mortificada, de uma conversa que tivera com o Presidente a respeito das conseqüências que adviriam:

— Presidente, o senhor — já então o chamava assim — está absolutamente seguro sobre o que vai fazer? Está ciente de que muita gente vai padecer e mesmo morrer em conseqüência do nosso programa? Sabe que há gente que morrerá porque seu dinheiro estará bloqueado e por isso não vai ter atendimento médico? Que muitos não terão dinheiro sequer para comer? Que haverá sofrimento de toda ordem? O senhor tem consciência disso?

Collor não vacilou um segundo, nem admitiu que ela vacilasse: mandou que fizessem o impossível para ter o plano pronto até o momento da posse. Estavam ambos convencidos da necessidade daquela provação, pelo bem que adviria para a maioria do povo brasileiro, que nem poupança tinha. A convicção de que o programa estava certo se sobrepunha a qualquer espécie de consideração.

Como dizia Hemingway, pior do que a guerra é perder a guerra.

Eduardo Teixeira e João Maia, até ali sem estar a par dos pormenores sigilosos, contribuíam na elaboração do plano com empenho e desprendimento. Não foi difícil chegar a um consenso sobre a devolução gradativa da poupança a partir de um ano e meio. O difícil era estabelecer o limite da retirada, o seu tanto arbitrário.

A ESCOLHA de Zélia Cardoso de Mello para Ministra da Economia foi anunciada oficialmente a 1º de março.

Tudo começou a acontecer. No dia seguinte ela se reuniu em São Paulo com o líder sindical Antônio Rogério Magri, indicado Ministro do Trabalho, para discutir a nova política salarial. Os empresários se manifestaram confiantes em Zélia. (Não perdiam por esperar.) Osires Silva, indicado para o Ministério da Infra-Estrutura, afirmou que não se subordinaria a Zélia, nem admitiria cortes orçamentários em sua pasta. Agiria "em consonância com a Ministra da Economia, mas não por sua determinação". Não foi por acaso que ela se manifestara contra a sua indicação, por ser ele "comprometido com métodos dos Governos anteriores".

No dia 7 Ibrahim Eris foi escolhido Presidente do Banco Central. No dia 12 Collor, pela televisão, conclamou o país a se unir, sem preconceitos e sem mágoas. Segundo ele, a intransigência de Mário Covas era o último obstáculo para um desejado acordo com o PSDB.

Às vésperas da posse, o nervosismo tomou conta da equipe. Os preços disparavam. Os supermercados registravam alta de mais de cinqüenta por cento. Na quarta-feira, dia 14, início do feriado bancário decretado por um acordo com o Presidente Sarney, Zélia pediu que viessem a Brasília mais alguns economistas cuja opinião queria ouvir. Eles não só concordaram com o plano como ficaram em Brasília para colaborar.

— Quer dizer que além de advogado do diabo a gente é mão-de-obra barata? — disse um deles, Luís Paulo Rozemberg.

As pesquisas acusavam um apoio de 71 por cento da população a Collor na Presidência.

Desde o princípio de março, já se sabendo Ministra, Zélia se via às voltas com a tarefa excedente de montar o Ministério: conversar com Collor, escolher os auxiliares, designar os titulares de cada Secretaria e Departamento. Assim ficaram definidos, não sem as naturais discordâncias e rivalidades que ela teve de vencer num caso ou outro:

Secretaria de Política Econômica: Antônio Kandir. Chefia de Gabinete: Sérgio Nascimento. Secretário Executivo: Eduardo Teixeira. Secretaria Nacional de Planejamento: Marcos Gianetti Fonseca. Secretaria Nacional de

Finanças: Geraldo Gardenalli. Secretaria Nacional de Economia: Marcelo Paiva Abreu (ficou dois dias no cargo, sendo substituído por João Maia). Departamento do Tesouro: Roberto Figueiredo Guimarães. Departamento da Receita: Romeu Tuma. Departamento de Assuntos Internacionais: Clodoaldo Huguenay. Departamento de Indústria: Luís Paulo Velloso Lucas. Departamento de Comércio Exterior: José Arthur Denot Medeiros. Departamento de Abastecimento: João Maia (logo substituído por Edgar Pereira).

Tinha ainda que terminar a versão definitiva do plano — ao fim, tudo aquilo a deixava abstraída como uma sonâmbula.

E estava começando a viver o seu romance de amor.

ASSIM chegou a quinta-feira, 15 de março, dia da posse. Enquanto os demais continuavam trabalhando sem parar, lá se foi ela para a ciranda de cerimônias, transmissão de cargos, discursos, cumprimentos e toda a parafernália protocolar que daria início ao novo Governo.

No seu discurso, pediu uma mobilização em torno do plano, semelhante à que teve o de Funaro, a quem elogiou. O cansaço não impediu que ela ofuscasse os demais membros do novo Governo com sua elegância, vestida em duas peças, uma branca e outra preta. Foi aplaudida por uma torcida paulistana de convidados pessoais, entre os quais as suas quatro melhores amigas: Lia,

Naila, Marina e Caia. A mãe, D. Zélia, chorava de emoção.

Ao voltar à Academia de Tênis às nove da noite, exausta, teve a surpresa de ver que os amigos haviam inventado uma festinha extra em sua homenagem.

A noite de 15 para 16 foi inesquecível. Enquanto a festa continuava lá embaixo, Zélia e seus companheiros, metidos numa salinha, trocando idéias e comendo sanduíches, ainda davam os últimos retoques no plano. Desde cedo vinham divergindo em relação ao máximo de retirada permitida nas cadernetas de poupança: vinte mil? Cinqüenta? Setenta? Ela, como Ministra, daria a última palavra.

De vez em quando, para arejar a cabeça, descia ao térreo e participava um pouco da festa. Sempre que tem um problema, gosta de dar uma trégua para se distrair, deixando o subconsciente trabalhar. Escreveu num papel os números 20, 50 e 70 e voltou à festa. Deixou-se fotografar com suas amigas, sempre a segurar o papel. Ao regressar à salinha, havia optado pelos cinqüenta mil cruzeiros. Encontrou a equipe ainda discutindo o plano.

Eram duas da manhã quando se deu a desgraça: o computador que haviam pedido emprestado entrou em colapso e apagou toda a medida provisória da reforma monetária. Sumiu, perdeu-se para sempre.

E agora? Ninguém tinha tirado cópia.

Ibrahim e Luís Eduardo se entreolhavam, aparvalhados. Os demais não sabiam se riam ou se choravam. Uns entravam em desespero, outros, embora baratinados, pediam calma.

A calma acabou prevalecendo: encontraram uns fragmentos de rascunho... Apelaram para a memória de cada um... Invocaram o auxílio de Deus, na Sua Santa Misericórdia... E acabaram refazendo tudo.

SE TIVESSE caído uma bomba em Brasília naquela manhã de 16 de março não causaria o mesmo efeito alcançado com a divulgação das Medidas Provisórias do Plano de Emergência.

Batizado pelo Presidente de ''Brasil Novo'', a designação não vingou, ficou sendo mesmo Plano Collor.

Zélia dormiu apenas cinqüenta minutos naquela madrugada. Às cinco e vinte tomou um banho, às seis se reuniu com Carlos Chiarelli, Ministro da Educação, para informá-lo sobre o plano. Às sete teve uma reunião ministerial. Em seguida, sem ao menos o café da manhã, começou a receber jornalistas, empresários, gente de toda espécie pedindo explicações. Às três horas da tarde, sem ter almoçado, enfrentou com o resto da equipe uma entrevista coletiva em que a nota dominante parecia ser a estafa de todos eles.

A imprensa não perdoou a confusa apresentação oficial do plano feita pela televisão por Zélia e alguns outros economistas da equipe. Não perdoaram a própria equipe — os ''sete gatos pingados'', os ''sete Brancaleone'', trabalhando dia e noite, em condições precárias. Com um computador emprestado, sem assistência jurídica adequada, sem contar com a colaboração de praticamente nenhum especialista de outras áreas, dado o sigilo que os sujeitava. E ainda assim tentando salvar o país através de medidas que, ao serem anunciadas, pareciam pretender a desgraça da população inteira, sem exceção.

Pois honra lhes seja feita, por este fato inédito no Brasil: pela primeira vez em nossa História o sigilo foi religiosamente respeitado. Nada vazou. Ninguém ficou sabendo de antemão, ninguém tirou qualquer proveito.

Posteriormente surgiram denúncias de alguns casos de retirada de grandes quantias às vésperas do plano. Nada se poderia fazer contra os que, pelo sim, pelo não, se precaviam, já antevendo que boa coisa para eles o novo Governo não estava tramando.

No sábado e no domingo, por determinação do próprio Presidente, os economistas tentaram se reabilitar, numa verdadeira maratona de programas de televisão — a ponto de Zélia ser calorosamente saudada pelo apresentador Eliakim Araújo, da TV Manchete:

— Ministra, passei o dia vendo a senhora em sucessivos programas de televisão. Queremos cumprimentá-la pelo seu espírito público.

— Nem o Capitão Marvel teria fôlego para tanto — acrescentou um comentarista.

Até ao programa de Sílvio Santos ela compareceu.

José Simão, *da Folha de S. Paulo*, assim se referiu à sua *performance* naqueles dias:

"Juro que no último domingo à noite eu já estava morrendo de pena dessa nossa rainha das telas — dela, ela, Zélia Cardoso de Mello. Bombardearam tanto essa mulher, durante quatro dias ininterruptos, que quando ela entrou no ar em *Crítica e Autocrítica*, pela Bandeirantes, eu pensei que estava vendo um *close* da Joana D'Arc entre as chamas. Delirante e febril. Que coisa! Essa mulher não dorme, não come, não vai ao banheiro?! Não assiste televisão? Não. Ela pode ser Ministra da Economia, mas se existe uma coisa em que ela não fez a menor economia foi em explicações."

JÁ NOS últimos limites da exaustão, durante a gravação do programa mencionado pelo jornalista, ela contou com o apoio moral — e físico — de Bernardo Cabral. Bem que Naila havia comentado com Lia e Marina, sem nada saber, depois de conhecê-lo e conversar com ele:

— Zélia vai se apaixonar por esse cara, tomem nota. Ele é um bico doce irresistível.

Ele a aguardou no estúdio durante todo o programa, numa cadeira desconfortável, e depois foi com ela para o hotel — o que Zélia achou o máximo da dedicação. E naquela noite, exaurida, dormiu em seu ombro, enquanto ele permanecia acordado e imóvel até que ela despertasse sobressaltada, e só então levantou-se e deixou o hotel. Essas atitudes de extremo desvelo para com ela eram irresistíveis, Naila tinha razão:

— Era mesmo para me apaixonar — confirma Zélia hoje, conformada.

De resto, havia a solidão de Brasília — e ela fala

em algo que já serviu de assunto para uma reportagem de Luciano Suassuna: não foi a primeira a sentir o impacto do "amor no jardim do poder". Vários novos casais se fizeram à sombra — ou à claridade — da Praça dos Três Poderes. "A solidão é uma coisa terrível", dissera Bernardo Cabral, numa entonação dramática que a impressionou tanto. A vida solitária, numa cidade artificial que parecia isolada do resto do mundo, não oferecia outro atrativo além do próprio poder e a convivência com outros donos do poder. Eles dois não eram os únicos, verificava ela: vários membros do Governo vinham buscando em novas paixões o alívio para as tensões da vida pública.

E o jornalista assim se manifestaria sobre este novo caso de amor:

"Ela chegou a ser flagrada com os olhos rasos d'água. Ficou a impressão de que Zélia amava Bernardo, mas permanece obscura a resposta para a recíproca. Só o tempo dirá se Bernardo amava Zélia."

XVIII

O NOVO plano econômico, mais drástico que todos os precedentes, ao contrário deles, viera para ficar. Era o disparo certeiro do único cartucho de que dispunha o caçador para liquidar a fera, como havia prometido o Presidente, numa imagem pouco ecológica, referindo-se à inflação e suas conseqüências.

Em outras palavras: era dose para elefante.

Collor herdara do Governo Sarney uma inflação de 84 por cento ao mês. Para enfrentá-la, adotou, através de Medidas Provisórias apresentadas ao Congresso, uma série de decisões graves: congelamento de preços e salários, conversão do cruzado novo em cruzeiro como unidade monetária, novas regras para a emissão dos cheques com limitação para os cheques ao portador, aumento de impostos e tarifas públicas, eliminação de subsídios e incentivos fiscais, fim das restrições para a importação, privatização de algumas empresas estatais, cortes de gastos públicos, extinção de vários Ministérios e Autarquias, mudança na política cambial, a cotação do dólar passando a ser definida pela oferta e procura no mercado.

Mas tudo isso já fora anunciado e estava previsto. A surpresa, que causou o mais violento impacto, foi o bloqueio da maior parte dos ativos monetários e financeiros. Todos os saldos das cadernetas de poupança superiores a cinqüenta mil cruzeiros ficaram bloqueados por dezoito meses. Investimentos financeiros em fundos nominativos, títulos públicos ou privados (*overnight* e *open market*), aplicações em rendas fixas, depósitos a prazo, letras de câmbio e outros investimentos só poderiam ser movimentados até o limite de 25 mil cruzeiros ou vinte por cento do total da aplicação, ficando o restante também bloqueado por dezoito meses. Posteriormente, passaria a ser admitida em alguns casos a liberação do saldo retido.

O Governo justificava tão rigoroso programa de estabilização, alegando ser a única maneira de modificar radicalmente velhos hábitos dos agentes econômicos, não só como responsáveis pelo desequilíbrio de nossa economia como pelo atraso em face das nações mais desenvolvidas.

A PRIMEIRA semana de aplicação do plano representou uma avalanche de trabalho para o Ministério da Economia, tamanha a quantidade de problemas a resolver. Começaram a ser abertas as "torneirinhas" — como se passou a designar a liberação de cruzados retidos em alguns casos excepcionais. Zélia tentou mesmo assumir uma "excepcionalidade" — negada pelo Congresso — que lhe daria poder decisório sobre liberação em casos de urgência e sobretudo de doença grave: alguém com câncer e sem recursos para se tratar, outro necessitando de transfusão de sangue, uma fábrica ameaçada de paralisação — havia de tudo.

No seu Gabinete, transformado em Muro das Lamentações, realizava-se diariamente um desfile de queixas. E havia também o afluxo de postulantes que pediam audiência. Alguns das altas esferas, como deputados que vinham apresentar à Ministra uma reivindicação qualquer de discutível interesse público, sobre a qual discorriam longamente, para ao fim fazer o seu pedidozinho particular. A estes, Zélia mal ouvia, empertigada na cadeira, com o seu conhecido juntar de lábios num muxoxo de tédio, recuando a cabeça e olhando as unhas na mão espalmada, a cada momento dando uma ostensiva espiada no seu Rolex.

Em vão um de seus assessores lhe havia dito que era isso mesmo, o Congresso representava um corte vertical da sociedade brasileira, onde havia de tudo: desde a maior vocação de homem público à mais baixa extração de cafajeste.

E o Presidente telefonando-lhe vinte vezes por dia para saber o que se fez e o que não se fez:

— Como vai indo a inflação? Que está havendo com o *black*? E com o ouro? E o desemprego?

Em março houve deflação, para alívio geral. Era grande a apreensão, agravada pela imprudência de alguém do Governo falando em inflação zero — que Collor parecia pretender, sem saber que isso não existia nem na Suíça. Um jornal chegou a atribuir a Modiano a afirmação de que a inflação em abril seria negativa.

A essa altura as pesquisas acusavam um aumento para 81 por cento no apoio ao Plano.

Zélia reuniu-se com os empresários e preveniu-os contra demissões. Aventou a possibilidade de aumentar de trinta para 180 dias o prazo do aviso prévio, se fosse necessário. É pouco provável que, a partir de então, Mário Amato repetisse o que afirmou a propósito de sua escolha para Ministra:

— Ela é discreta, competente, e tem demonstrado clareza e determinação. Foi preparada uma partitura e ela vai regê-la.

No dia seguinte foi a vez de Zélia, acompanhada de Magri, buscar entendimento com os trabalhadores, discutindo o problema dos salários com Jair Meneguelli e demais representantes da CUT.

Houve também uma reunião com os banqueiros, durante a qual não consta que algum deles haja literalmente chorado — embora para eles fossem tempos de calamidade não apenas pública, mas bíblica, com choro e ranger de dentes. Ela própria definiu a reunião como "dura", mas sem que acenasse com medidas "policialescas".

E a propósito: o Governo deve ter sofrido algum desprestígio na opinião pública, com a invasão da *Folha de S. Paulo* pela Polícia Federal. A intervenção, digamos assim, fora autorizada por Collor, ele próprio, em face de presumíveis irregularidades na escrituração da empresa, contrariando determinações oficiais.

O clima em que se estava vivendo era este, com autuação de casas de comércio e mesmo prisão aqui e ali de dirigentes de empresas que desrespeitavam o congelamento de preços.

A 31ª Assembléia Anual do BID (Banco Interamericano de Desenvolvimento), em Montreal, foi a primeira a nível internacional de que Zélia participou como Ministra da Economia. Fazia-se acompanhar de assessores, entre eles Clodoaldo Huguenay.

Foi uma experiência emocionante para ela. Quando subiu ao pódio para falar e se viu diante de trezentas pessoas atentas, enfrentou aquele célebre silêncio em que se podia ouvir uma mosca voar. Com veemência, concitou a comunidade financeira internacional a corresponder aos sacrifícios da sociedade brasileira. Afirmou que o país estava aberto ao diálogo nas negociações de sua dívida externa.

Mais tarde foi recebida por Brian Mullhaney, Primeiro-Ministro do Canadá.

Em Washington encontrou-se com Carla Hills, representante comercial do Governo norte-americano, que criticou severamente as restrições brasileiras às exportações norte-americanas. Considerada a mais "agressiva" do Governo de Bush, teve que defrontar com a Ministra já considerada a mais atuante do Governo Collor.

Reuniu-se às nove da manhã com Nicholas Brady, Secretário do Tesouro Americano, almoçou com Michel Camdessus, Diretor-Gerente do FMI, e encontrou-se com dirigentes do Eximbank do Japão, e ainda com Enrique Iglesias, Presidente do BID, Barber Canable, Presidente do Banco Mundial, Alan Greenspan, Presidente do Banco Central dos Estados Unidos. Tudo isso em dois dias, discutindo de manhã à noite a nossa dívida externa, e se revelando uma incansável e obstinada negociadora.

Ao voltar, encarou de novo nossos empresários e industriais, numa tensa reunião com os representantes dos setores de máquinas e equipamentos, petroquímica, autopeças, bens de capital, informática e indústria eletrônica. Queriam maior liquidez e alterações no câmbio. Saíram frustrados. Os próprios participantes pediram que seus nomes não fossem divulgados, tamanhos o descontentamento e o pessimismo em que ficaram. Um deles desabafou:

— Nossos piores temores parece que vão se confirmar.

O dinheiro escasseava, e os bancos impuseram limite de saque em dia de pagamento. Zélia assegurou que a restrição ao saque era um "problema temporário".

Outra reunião com empresários — desta vez um almoço oferecido a Zélia no Centro Empresarial de São Paulo, por iniciativa de Olavo Monteiro de Carvalho, do grupo Monteiro Aranha. Aos poucos a Ministra ia dando o seu recado.

Em abril, o índice inflacionário sofreu ligeiro aumento, o que bastou para que a *Folha de S. Paulo* pusesse em manchete principal da primeira página:

"INFLAÇÃO VOLTA E CHEGA A 3,29 POR CENTO"

— A imprensa não percebe o mal que faz — queixa-se ela comigo, e se refere tão-somente à causa pública, não à sua vida particular. — Um país como o nosso, de economia já tão fragilizada, onde as expectativas têm uma influência tão grande, uma manchete dessas podia induzir os leitores a um equívoco de conseqüências desastrosas.

MAIO não foi um mês dos mais agradáveis. O apoio da opinião pública sofreu a sua maior queda nas pesquisas. Collor não estava nos melhores dias, ora duro, ora irônico para com ela. Zélia começava a temer que ele não fosse homem de enfrentar dificuldades. Tinha de "vencer e vencer", como havia dito: não sabia perder, não admitia ganhar um pouco menos. Seus assessores permaneciam mudos, enquanto de todos os lados chovia crítica sobre a atuação da Ministra. Até Leopoldo Collor reclamava, sem que estivesse propriamente exercendo alguma função oficial. No dia 11, uma sexta-feira, o Presidente inesperadamente telefonou, ordenando que Zélia e sua equipe fossem imediatamente ao Palácio:

— Traga quem estiver aí.

À exceção de Modiano, que estava no Rio, foram todos com ela: Ibrahim, Kandir, Kiko, Luís Eduardo, João Maia, Eduardo Teixeira. Receberam do Presidente o que interpretaram como sendo uma descompostura: a inflação havia voltado, aquilo não podia continuar assim. Pouco faltou para chamá-los de incompetentes e ineptos.

No carro, de volta ao Ministério, Zélia só faltava chorar de humilhação e revolta. Ele não tinha o direito de tratá-la daquela maneira. Ainda mais na frente dos outros, que, embora amigos, eram seus subordinados.

— Não dá para você ir trabalhar nesse estado, Zélia — aconselhou Kandir. — Vá para casa, descanse um pouco.

Ela aceitou a sugestão, e em casa caiu em pranto. Telefonou para Bernardo Cabral, contou-lhe tudo.

— Vou já para aí — disse ele.

Em pouco chegava, para ficar algumas horas com ela, tentando consolá-la:

— Segunda-feira a gente resolve o que fazer.

Zélia havia decidido passar o fim de semana fora de Brasília com sua equipe, para poderem trabalhar em paz. O pito (se assim pudesse chamar a repreensão do Presidente) não alterou seus planos: foi com o grupo para uma propriedade do empresário Sérgio Mellão, no interior de São Paulo, uma linda fazenda que já hospedara até a Rainha da Inglaterra. O lugar era tão requintado que, ao chegar, Eduardo Teixeira olhou ao redor e suspirou:

— Bem que podíamos trazer umas mulheres para ca.

Não se deixavam abater: enquanto trabalhavam, continuava a prevalecer entre eles o senso de humor.

No domingo eram surpreendidos com uma manchete na *Folha de S. Paulo*:

"AMADORISMO DA EQUIPE IRRITA COLLOR."

Segundo o jornal, a irritação do Presidente se devia ao bloqueio das contas do Fundo de Garantia por Tempo de Serviço e ao prazo estabelecido para os aposentados retirarem dinheiro da poupança.

Foi a gota d'água:

— Chegou a nossa vez — concluiu Zélia.

O plano assustara todo mundo. Despertara reações exasperadas, principalmente entre os empresários. Era terrível a pressão que Zélia e sua equipe vinham recebendo, principalmente das indústrias que tinham seus cruzados retidos. E havia para ela múltiplas tarefas a enfrentar ao mesmo tempo e em várias frentes. Tinha de administrar dia a dia o Ministério, com todo o seu complexo de secretarias, departamentos e instituições financeiras. Tinha de negociar passo a passo o plano junto ao Congresso, obtendo aprovação de medidas já em vigor e ainda em discussão. Tinha mil e uma providências a tomar, principalmente na área do Banco Central. Algumas prefeituras em vários Estados vinham encontrando maneiras fraudulentas de desbloquear cruzados. Era desanimador ver que o brasileiro continuava a dar um jeitinho para burlar a lei.

No meio de tudo isso, vem um jornal dizer que o Presidente estava irritado com o "amadorismo" da equipe. Sem o seu apoio total, a equipe caía na mais completa solidão. Uma solidão de orfandade.

E o Presidente, de sua parte, também vinha sofrendo pressões. Não faltava quem lhe fosse soprar ao ouvido que aqueles malucos da Economia estavam destruindo o país, os trabalhadores iam acabar morrendo de fome. Daí para dizer que a nota do jornal fora plantada por ele ou com sua anuência ia um grande passo, mas era um sentimento endossado pela dura crítica dele recebida dias antes.

De comum acordo, resolveram todos se demitir. Zélia levou o seu pedido de demissão para apresentá-lo na audiência de segunda-feira. Bernardo Cabral havia ligado se solidarizando, também ele se demitiria:

— Olha, Zélia, acho que você tem mesmo que sair. Preparei um modelo de carta para você e vou juntar a minha.

A reação de Collor foi paradoxal, como sempre:

— Mas que é isso, ora que bobagem, imagine, nem pensar numa coisa dessas.

E ali mesmo rasgou a carta. O Ministro da Justiça, aguardando a vez de ser recebido, não chegou a entregar a dele.

Então Zélia fez para Collor um verdadeiro discurso, em que deixava bem claro que inflação não era um problema apenas econômico, mas fundamentalmente político. A falta de credibilidade da moeda decorria da mentalidade inflacionária do brasileiro, pela sua descrença no Governo. Era preciso que a sociedade sentisse a firmeza dos seus dirigentes. Para inspirar confiança, um ministro tem que ser forte, o Presidente tem que ser forte, e tem que haver a mais completa integração entre eles:

— O dia em que eu não contar mais com cem por cento de seu apoio, mas só 99 por cento, eu vou embora — preveniu ela.

XIX

ESTANDO o Ministro da Justiça encarregado de articular a política do Governo, redobravam os seus contactos com a Ministra da Economia, para discussão deste ou daquele tópico de interesse público. Com isso redobravam também entre eles os contactos de interesse sentimental.

Os dois passaram a se ver diariamente: participavam de encontros no Gabinete um do outro, e das reuniões ministeriais, em geral longas e exaustivas. De vez em quando, para se distrair, trocavam bilhetinhos debaixo da mesa. Um deles, entre os que ela ainda guarda consigo, dizia: "Esta sua saia curta está deliciosa." Ela hoje acha graça:

— Imagina se em vez de chegar às minhas mãos fosse parar nas do general Tinoco.

Zélia já se havia instalado no apartamento funcional da Asa Sul. Só quem já morou em Brasília pode imaginar a dificuldade que ele enfrentava para visitá-la sem chamar atenção. Nem por isso deixava de fazê-lo todas as noites, findo o expediente. Quem tomasse conhecimento dessas visitas certamente as atribuiria a trabalho extra, muita Medida Provisória a estudar e encaminhar. De vez em quando ele passava com ela o fim de semana em São Paulo. Familiarizado com Marcos e Antônia, empregados domésticos que acompanham Zélia até hoje, ele prometia:

— Vocês dois vão ficar conosco a vida inteira.

Era uma relação intensa — e a esse tempo ela ainda tinha Alfred de reserva lá em Viena a esperá-la: um dia, podia ser, quem sabe... Em meio àquela fase tumultuosa que sucedeu ao lançamento do plano econômico e suas sucessivas crises, era essencial para ela, na solidão de monja em que enfrentava a vida intensa entre seus auxiliares, ter com quem conversar, alguém que a confortasse. Muitas coisas não poderia falar com Ibrahim, João Maia ou Luís Eduardo que, por mais amigos e compreensivos fossem, capazes mesmo de amá-la e se fazerem amar por ela como já haviam provado, não deixavam de ser hierarquicamente seus subordinados. A afeição que Bernardo Cabral lhe dispensava a envolvia cada vez mais. Aos poucos foi se apegando a ele — ou "pegando amor", como se diz no interior de São Paulo:

— E naquela época havia também a questão da confiança — explica-me. — Qualquer outro que se aproximasse de mim podia logo me despertar suspeitas de que fosse por interesse, de que estivesse me envolvendo para conseguir de mim algum favor, alguma informação, ou o que fosse. Ao passo que ele era Ministro como eu, tudo passava por suas mãos, sabia de tudo, eu me sentia segura.

Prefere não opinar sobre sua competência profissional, mas dá a entender que ele tinha problemas nessa área e que lhe faltava o espírito da equipe. Atendo-se à área sentimental, lembra-se das repetidas declarações que ela lhe inspirava:

— Você é o amor da minha vida, a mulher que eu sempre procurei.

Ele não escondia que tivera outros amores desde que se casara, naquele insaciável desejo de encontrar o ideal de sua vida, finalmente realizado: havia nascido para ser de uma só mulher, e esta mulher era ela.

Prova de amor maior ainda ela recebeu de seu eleito no dia em que ele lhe disse:

— Temos de contar para o Collor que nos amamos e que queremos nos casar.

SUA amiga Marina foi a primeira a saber. O que não queria dizer que já em maio não houvessem começado, à boca pequena ou mesmo através dos jornais, as insinuações, boatos, intrigas e mexericos, com muita verdade de permeio. E a viagem aos Estados Unidos veio botar mais lenha na fogueira.

Ela teria que participar em Nova York e Washington de uma série de reuniões para renegociação da dívida externa com os bancos credores. Segundo os assessores divulgaram, a Ministra embarcaria no domingo, 20 de maio. Na realidade, o embarque foi sigilosamente antecipado para sexta, 18. O Ministro da Justiça havia pedido licença ao Presidente para afastar-se naqueles dias, por precisar fazer um *check-up* nos Estados Unidos. Foi por sua própria conta, embarcando antes dela, na quinta-feira, também sigilosamente.

A imprensa é que não se conformou com tanto sigilo e andou fazendo suas costumeiras suposições. Enquanto se falava oficialmente no *check-up*, D. Zuleide, lá de Manaus, procurada pelos jornais, declarava que o marido recebera do Presidente "uma missão secreta". E Collor, se é que já desconfiava do romance, sabia disfarçar bem, pois, ao ser mais tarde indagado pelos jornais sobre a misteriosa viagem, disse apenas:

— Isso o próprio Ministro Cabral pode responder.

O Ministro se hospedou no luxuoso Hotel Regency, em Park Avenue, e aguardou os acontecimentos — ou seja, que a Ministra chegasse. Era o hotel preferido de bem-sucedidos executivos brasileiros e mesmo figuras públicas em evidência entre nós — o risco de ser visto era grande.

Ela também não deixou de tomar suas precauções: em princípio, um Ministro e uma Ministra no mesmo quarto de hotel não era comportamento dos mais recomendáveis. Para todos os efeitos, se hospedaria na casa de Emiliano, que continuava morando em Nova York. O irmão chegou mesmo a recebê-la no aeroporto e levou-a ao encontro de seu amado no hotel.

Foi um deslumbramento. Enquanto se instalava, ia encontrando bilhetes de amor por toda parte: dentro do armário, no espelho do banheiro, debaixo do travesseiro.

— Você é a mulher da minha vida — repetia ele. — Vou me separar e me casar com você.

Esta promessa, que os jornais mais tarde publicariam, e nunca desmentida por ele, deixou-a em estado de graça: inebriada de amor, gostaria mesmo era de sair contando para todo mundo que eles se amavam, iam se casar, viveriam juntos para todo o sempre e ponto final.

No domingo arriscaram-se a tomar o café da manhã na Trump Tower, edifício de sessenta andares na Quinta Avenida, ponto de atração turística — naturalmente foram vistos por vários brasileiros, que se encarregaram de trazer consigo a notícia.

Mas Zélia não deixou de cumprir, com a eficiência e a pontualidade habituais, a sobrecarregada missão que a trouxera: na segunda-feira pela manhã seguiu para Washington, onde participou da 21ª Conferência do Conselho das Américas, formado por empresários norte-americanos e presidida pelo banqueiro David Rockefeller. Fez um discurso sobre o Plano Collor.

Regressando a Nova York no mesmo dia, iniciou à tarde e ao longo da terça-feira uma maratona de reuniões em separado com seis bancos privados: Citibank, Manufacturer Hannover Trust, Morgan Guarantee, Bankers Trust, Chase Manhattan e Chemical Bank.

Na mesma terça-feira tomou o avião de volta para o Brasil, e cometeu com Bernardo Cabral a imprudência de viajarem juntos, aumentando com isso o número dos que sabiam, ou desconfiavam da relação entre os dois.

— Precisamos falar com o Collor quanto antes — decidiram.

ELA estava com o Presidente em seu despacho habitual quando entrou o ajudante-de-ordens dizendo que o Ministro da Justiça, aguardando a vez lá fora, perguntava se poderia ser recebido ao mesmo tempo que a Ministra da Economia. O que foi para ela mais uma prova de amor.

— Mande entrar — ordenou o Presidente, surpreendido.

Zélia sentiu seu coração disparar. A relação dela com Collor era então boa mas cerimoniosa, principalmente da parte dele. O Ministro entrou, sentou-se, olhou-o com firmeza e disse:

— Presidente, Zélia e eu temos um assunto pessoal para tratar com o senhor. Nós nos amamos. Queremos resolver a nossa vida. Queremos nos casar.

Naquela noite o Presidente Collor deve ter ido para

a cama com este problema a lhe tirar o sono: dois membros do primeiro escalão do Executivo queriam se casar um com o outro.

Em se tratando de um Ministro e uma Ministra, portanto de um homem e uma mulher, até aí tudo bem, tudo normal: pelo menos por este aspecto aquilo não representaria nenhum escândalo capaz de abalar o seu Governo já tão sobrecarregado de problemas. Só que o Ministro Cabral estava se esquecendo de um importante detalhe: ele era casado. E não parecia muito provável que o Congresso aprovasse Medida Provisória introduzindo no Código Civil um dispositivo legal que permitisse a bigamia.

O Presidente, insone, certamente ficou rolando na cama, em luta com estes pensamentos, erguendo-se, tornando a deitar-se. E é possível que a Primeira-Dama tenha estranhado a inquietação do marido:

— Que é que você tem hoje? Que bicho te mordeu?

Se ele então a pôs a par da novidade, mais provavelmente ainda ela deve ter comentado:

— Eu sabia que essa mulher ia acabar aprontando alguma. Ainda bem que não é com você.

Mas isso são especulações de ficcionista em disponibilidade. Voltemos a seguir a trajetória dos fatos, segundo ficaram registrados na memória de sua principal protagonista. Conta ela que o Presidente simplesmente ficou perplexo, "quase teve um chilique":

— É nitroglicerina pura! — exclamou: — Qualquer movimento e explode tudo!

— Bem, Presidente, nós tínhamos que lhe contar...

— Por uma questão de lealdade...

O Presidente chegou a murmurar, como para si mesmo:

— Se ainda fosse o Cabrera...

Referia-se ao Ministro da Agricultura. Certamente não seria um simples trocadilho. Talvez porque se tratasse de um Ministro solteiro.

Foi uma conversa inconclusa — é o máximo que Zélia sabe dizer. Collor se limitava a gaguejar alguns conselhos, sejam discretos, tomem cuidado, isso pode acabar com o meu Governo... Uma conversa inconclusa.

Depois que o Ministro da Justiça saiu, ela prosseguiu em seu despacho regular com o Presidente, mas enquanto falava em inflação ele ficava a olhá-la sem escutar.

Bernardo Cabral mais tarde lhe sugeriria:

— Vamos continuar discretamente até as eleições de 3 de outubro. Meu filho é candidato a deputado federal e isso poderia prejudicá-lo.

Continuaram, mas não tão discretamente assim. Os jornais insistiam nas especulações. Os dois passaram mais de um fim de semana juntos em São Paulo. Ele se registrava no Maksoud e ia para o apartamento dela.

Um dia levou consigo a São Paulo o filho Júlio, para lhe confiar na presença dela um segredo de Estado: o amor que os ligava.

Tamanha manifestação de confiança foi para ela mais uma prova eloqüente desse amor, e um compromisso de mantê-lo numa união que durasse para sempre.

Esse compromisso espiritual foi sacramentado no dia 12 de junho de 1990: ele encarregou o próprio filho de comprar na H. Stern uma aliança para ela, como símbolo daquela união.

E Zélia surpreenderia a nação inteira, ao ser entrevistada no programa *Cara a Cara* da TV Bandeirantes, quando Marília Gabriela, com simpatia e competência, lhe sugeriu:

— Ministra, sendo a senhora jovem, bela e solteira, agora podia encerrar nos falando um pouco sobre sua vida sentimental.

Ela respondeu tranqüilamente:

— Estou apaixonada.

Acrescentou que não podia ainda dizer por quem, mas que era correspondida — e fez questão de mostrar a aliança, falando em seu compromisso espiritual.

XX

O QUE ela a princípio não percebia é que se tratava de um compromisso unilateral, não implicando reciprocidade. Ele exigia dela uma discrição e um comedimento que não impunha a si próprio. Não queria que a vissem com quem quer que fosse, no teatro, no cinema, no restaurante, enquanto ele podia circular livremente por toda parte.

Pediu-lhe que não viajasse com ninguém em fins de semana, para "evitar constrangimentos". Convenceu-a a não ir à festa de aniversário do próprio Presidente.

Naquele sábado foi visitá-la, ficou com ela até as seis

horas da tarde, e à noite vestiu terno e gravata, foi para a festa com a própria mulher. Aliás, deve ter sido esta a primeira aparição pública do casal, pois até então ele nunca fora visto com ela.

O fato de Collor seguramente haver estranhado a ausência da Ministra não impediu que tudo se repetisse pouco tempo depois: o Ministro foi com a mulher para uma festa na LBA, deixando Zélia sozinha em casa, pois recomendou que ela não fosse.

Aquela ascendência, tão dominadora, acabou por revoltá-la. Ao contrário do que ele esperava, foi à comemoração do aniversário de Leopoldo Collor, pouco se importando que, "para manter as aparências", ele estivesse lá com a esposa: não era problema seu.

Era. Mas só veio a perceber isso bem mais tarde. Continuava acreditando haver encontrado o homem que sempre procurara. Com quem sonhara fazer tudo o que vinha fazendo. E continuaria a fazer.

OS NERVOS andavam à flor da pele. Em maio a inflação subira para 7,87 por cento. No Congresso o Governo sofria a primeira derrota, com a derrubada da Medida Provisória 185, que permitia ao Tribunal Superior do Trabalho suspender dissídios coletivos regionais. Zélia se manifestou contra a reindexação dos salários, que causaria recessão, e, fazendo um balanço do Plano, achou que os resultados eram positivos.

Collor não pensava assim. E continuava irritado — agora com certas discrepâncias apontadas nas medidas do Ministério da Economia, algumas acusadas de inconstitucionais pelo Congresso e até pela Ordem dos Advogados do Brasil. Chegou a dar um murro na mesa, furioso, por ter de voltar atrás e retirar o IOF (Imposto sobre Operações Financeiras) que incidia sobre transferências de titularidade dos cruzados retidos. Determinou ao Ministro da Justiça e ao Consultor Geral da República Célio Silva que exercessem vigilância sobre as decisões da Ministra Zélia, examinando-as com a máxima atenção antes de liberá-las.

Só que o Ministro da Justiça ainda vinha a ser Bernardo Cabral, e a vigilância que ele exercia sobre Zélia, como já se viu, era de natureza diversa.

Por outro lado, o Presidente passava a atribuir a escalada de críticas ao seu Governo a uma "campanha orquestrada" para desgastá-lo. Talvez por isso resolveu assumir publicamente a responsabilidade pelas trapalhadas dos auxiliares, declarando:

— Se erros e equívocos estão sendo cometidos pelo Governo, fui eu que os cometi, e não meus Ministros ou Secretários.

Zélia atendeu a uma solicitação do Senado, enviando a relação dos depositantes que retiraram valores superiores a um milhão de cruzados de 15 de fevereiro a 15 de março, por suspeita de que tivesse havido vazamento de informações. O Senador Jamil Haddad ameaçava a Ministra de processo por crime de co-responsabilidade. As demissões atingiam récorde na indústria de São Paulo. Empresários, sindicatos e Governo tentavam negociar uma trégua: não haveria aumento de preços, demissões, greves e ações trabalhistas na Justiça, enquanto uma comissão tripartite discutia a livre negociação, desemprego, demissões, perdas salariais e preços. O apoio a Collor nas pesquisas baixou de 71 para 36 por cento.

O Plano não deu certo — concluíram em reunião secreta os economistas dissidentes Affonso Celso Pastore, Maílson da Nóbrega, Pérsio Arida, André Lara Resende e Cláudio Adilson Gonzales.

EM JULHO a situação começou a melhorar. A Ministra da Economia e os Ministros da Educação e da Infra-Estrutura passaram com Collor dois dias em Buenos Aires. Numa reunião com o Presidente Menem, ficou decidido que o prazo de dez anos para a abertura do Mercado Comum entre Argentina e Brasil, estabelecido ao tempo do Governo Sarney, se reduziria a cinco.

Logo em seguida Zélia fez uma viagem de quatro dias à Europa, frente a uma comissão mista do Governo e do empresariado: João Cunha, Secretário Adjunto da Economia; Ronaldo Monte Rosa, Presidente da Embratur; José Arthur Denot Medeiros, Chefe do Departamento de Comércio Exterior; Sérgio Nascimento, Chefe de Gabinete da Ministra; João Carlos Camargo, seu Secretário particular; os empresários Leo Cochrane, da Febraban; Roberto Rodrigues, da OCB; Daniel Feffer, da Suzano Feffer Papel e Celulose; Sérgio Rocha, da Edubra; Luís Nascimento, da Camargo Corrêa, Alex Fontana, da Sadia, e Olavo Monteiro de Carvalho, da Monteiro Aranha.

Seu objetivo era dar a conhecer a vários países europeus o esforço que se fazia no Brasil para a implementação do programa econômico, esforço que seria vão se não contássemos com o apoio da comunidade internacional. Foram várias reuniões bem-sucedidas: em Colônia com os empresários da Federação de Indústria Alemã, em Paris com o Diretor do Banco da França Jacques De Laroisière, em Roma com o Ministro do Tesouro Italiano Guido Carli e em Londres com a Primeira-Ministra Margaret Thatcher, a quem Zélia pediu novos investimentos britânicos no Brasil. Veio desse encontro (aliás o segundo) a designação que a imprensa lhe andou dando de ''Nossa Dama de Ferro'', contra a qual ela se insurgiu:

— Não gostaria que confundissem firmeza com dureza.

A equipe estava confiante. Todos os índices apontavam tendência de queda da inflação. Mas em agosto sobreveio a crise do petróleo, decorrente da invasão do Kuwait pelo Iraque, refletindo no índice inflacionário. As pressões para a reindexação foram se tornando cada vez mais fortes por parte do Congresso e dos sindicatos. E a situação cada vez mais tensa para os responsáveis pela nossa política econômica, comandados por Zélia.

Collor continuava lhe telefonando a todo momento. Como naquela sexta-feira de agosto:

— Ministra, gostei da história...

— Que história?

— Esta de acabar com o subsídio.

— Ah!

— Até logo.

Continuava um grande cobrador. Nada se passava sem que ele acompanhasse de perto. Às vezes ela imaginava que ele estivesse é conferindo se a Ministra permanecia firme em seu posto, ou já se tinha se mandado para o fim de semana nos braços do outro Ministro.

Depois, já no final da tarde:

— Ministra, tudo bem? Olha, eu quero resolver de uma vez por todas essa questão dos aposentados. Ah, sim? Bem, eu não sabia que a senhora ia para São Paulo... Com quem eu devo falar? Com o Kandir? Certo, certo. Até logo.

Aos poucos ela ia se libertando do idealismo singelo e irreal, misto de pretensão e imaturidade, que desde a juventude a impulsionara até ali, na ilusão de que poderia mudar o Brasil. Era tarefa árdua, que não dependia somente dela: precisava contar no comando com alguém de muita coragem e os mesmos ideais.

Fernando Collor já havia provado ser homem de coragem e idealista como os demais. Era um estrategista inteligente, com talento político. Mesmo não conhecendo o assunto, como às vezes acontecia, aprendia sozinho, rapidamente. E, entre o interesse nacional e um interesse pessoal, decidiria sempre pelo interesse nacional — era o que ela insistia em repetir. Mas gostaria que tivesse um pouco mais de algo que chamaria de "humanidade", à falta de palavra melhor: tolerância e simpatia para com a precariedade da natureza humana. "Nada que é humano me é indiferente", como no verso de Fernando Pessoa.

DECISÃO tomada: diria a Collor que Bernardo Cabral e ela iam se casar em outubro. Ou ele admitiria, ou perderia os dois Ministros. Ela sabia que estavam ambos correndo o risco de ter que deixar o cargo. Pois então, se fosse o caso, deixaria. Sentia que acabaria saindo do Ministério, provavelmente nos primeiros dias de 1991. E vinha-lhe certa vaidade pelo seu gesto de renúncia.

— Vou ser feliz — afirmava para si mesma, sem convicção.

Não, ela não se deixava enganar tão facilmente nem por si própria. Jamais seria feliz, sabendo que em seu país as coisas não iam bem. Acabar com a inflação no Brasil não era assim tão fácil como eles, os economistas, haviam imaginado. Não percebiam que um projeto econômico daquela magnitude só poderia ser aplicado levando-se em conta a fragilidade de nossa estrutura política e social. Haja vista a falência do comunismo no mundo inteiro. O Brasil exigia importantes reformas de base que nem sequer chegaram a ser cogitadas, a começar pela reforma agrária. E esta, só com uma revolução.

Além do mais, a sociedade não oferecia um mínimo de condições indispensáveis para se firmar um pacto social seguro e prolongado.

E ela se lembrava do Conselho de Estabilização: inserido na medida que tratava de preços e salários, seria um órgão auxiliar que daria ao Presidente meios de engajar de fato as lideranças mais representativas na luta contra a inflação. O Ministro do Trabalho e seu assessor Aloísio Azevedo, com o apoio do Ministro da Justiça, simplesmente o derrubaram, sob a alegação de que o pacto social já havia ocorrido nas eleições. Como uma idiota, ela engolira esse argumento, com os outros idiotas. Teriam conseguido atrair para o programa a sociedade "como um todo", possibilitando a liberação dos preços desde logo. E passariam a combater a inflação em outras bases. Na discussão havida durante a reunião, Zélia e sua equipe se sentiram um pouco intimidados, ao contrapor argumentos puramente técnicos às razões de ordem política que lhes eram apresentadas.

E agora ninguém queria colaborar: os empresários, os banqueiros, o Congresso, os sindicatos, cada um defendendo seus próprios interesses, sem querer transigir, nem ceder um mínimo que fosse de seus privilégios.

Caberia invocar aqui a história do Garrincha, durante a Copa do Mundo de 1958. O técnico Feola dava as últimas instruções aos jogadores brasileiros para enfrentarem a seleção russa:

— É muito simples. Gilmar entrega a bola ao Nilton Santos. Nilton Santos ao Didi. Didi dá um longo passe em diagonal para o Garrincha. Garrincha leva a bola até a linha de fundo, centra, e o Pelé faz o gol.

Ao que Garrincha perguntou:

— Tudo bem, mas o senhor já conversou com os russos? Eles estão de acordo?

Por maior que fosse o seu senso de humor, não creio que na época Zélia estivesse em condições de achar graça: ela amava um homem, mas sobretudo amava o Brasil. A situação era séria. Pela primeira vez ela sentia medo.

XXI

SETEMBRO começou bem para o Brasil: no primeiro dia do mês, um ato do Presidente (que o Partido Comunista já reivindicava na Constituinte de 1946) extinguiu o imposto sindical.

Havia otimismo no ar. Apesar das vendas nos supermercados registrarem uma queda de vinte por cento, Abílio Diniz, Vice-Presidente do Grupo Pão de Açúcar, achava que o Governo começara pelo ponto certo e estava ganhando a parada:

— Sem essa ''dor'', ou seja, sem recessão e desemprego, não se sai da hiperinflação.

Zélia apostava na baixa dos preços e anunciava que o Brasil retomaria o pagamento dos juros da dívida externa com os bancos privados. Depois de assinar a carta de intenções do país com o FMI, disse que não podíamos pagar integralmente os juros, enquanto estivéssemos negociando.

Atribuiu aos empresários e sindicatos, pela sua intransigência nas negociações, a culpa de ter a inflação atingido 13,25 por cento, a maior do Governo Collor. Ainda assim, Zélia afirmava que o Plano ia indo bem.

O que não ia bem era a sua relação com Bernardo Cabral, cada vez mais indefinida. No dia 9 ele lhe enviou uma longa carta, escrita em caprichoso manuscrito de perfeito calígrafo, que começava com as seguintes palavras:

"Solidão... Brutal solidão."

Em linguagem preciosa e apurada, punha-se a refletir sobre o seu passado, em busca do que realizou, em que lugar se perdeu, em que lugar a encontrou.

Analisando sua vida pública, enumera, entre reticências, as virtudes a que foi fiel: paciência, altivez, equilíbrio, resistência, compreensão. Conservara-se fiel aos seus princípios de sempre, não desertando, nem fugindo, nem se desculpando, nem se acocorando. Não era homem de "omissão contemplativa ou neutralidade oportunista".

Quanto à vida sentimental, a relação deles completava seis meses de existência naquela data, e sabê-la a poucas quadras na cidade onde tudo havia começado o atirava na solidão mencionada no princípio da carta. Reafirmava a certeza de que ela ficara eternamente delineada na palma de sua mão, ligada aos seus sonhos e ancorada na sua realidade: fustigado pelo lampejo de ter de ficar sozinho, no futuro, sente ser esta uma circunstância simplesmente insuportável, ou, melhor dizendo: inconcebível!

Depois de algumas considerações sobre a "mobilização da consciência sentimental e a essência de um intenso amor" (que vinha a ser uma entrega sem reservas), sugeria a formulação de um ideário para que os que se amam interpretassem por seus próprios meios aquilo em que acreditavam.

Para ele, "um sentimento sem idéias de impulsão nem capacidade de ação é sentimento letárgico". Sua primeira condição é a responsabilidade, que se mede tanto pela dignidade das atitudes de quem ama como no sacrifício de quem sabe esperar. Como eles dois. Terminava pedindo reciprocidade no amor e na resignação.

Zélia achou linda a carta, mas continuou sem saber se ele ia ou não se separar da mulher para se casar com ela.

A 20 DE SETEMBRO ela completava 37 anos. Seu aniversário foi comemorado na véspera, data que por isso também se tornou histórica.

A festa nos salões do Clube das Nações reuniu, além do mundo oficial, o que havia de melhor na sociedade de Brasília. Várias amigas suas vieram de São Paulo.

Ela era a única que não percebia o que entrava pelos olhos de todo mundo e que hoje reconhece: só mesmo a vaidade poderia fazer com que o Ministro da Justiça naquela noite insinuasse que entre ele e a Ministra da Economia havia mais do que simples relações ditadas pelas razões de Estado. E isso antes mesmo que ela chegasse.

Segundo uma reportagem no *Estado de S. Paulo*, quando as amigas dela a festejavam, na hora de cortar o bolo, cantando em coro: "Com quem será, com quem será, com quem será, que a Zélia vai casar", ele, risonho, dissera para quem quisesse ouvir:

— Espero que seja comigo.

Sua irreverência, segundo o mesmo jornal, o levava a comentar:

— Essa baixinha é danada...

E havia mais de um jornalista presente para ouvir: Augusto Nunes e Sônia Racy, do *Estado de S. Paulo*, Jorge Caldeira e Joyce Pascowitch, da *Folha de S. Paulo*, Eduardo Oinegue, de *Veja*, Mário Rosa, do *Jornal do Brasil*, Teresa Cruvinel, de *O Globo*. Além do *Estadão*, os demais jornais pouco ou nada publicaram.

Ainda assim, o Brasil inteiro ficou sabendo que ela havia dançado com ele, rosto colado, ao som do bolero *Besame Mucho*. Ela, que sempre gostou de dançar, não nega a dança (não se lembra se de rosto colado ou não), embora afirme que a música (ao vivo, piano e contrabaixo) não era essa, mas outra qualquer. Vários casais dançaram também. Pode ter sido até combinado: seu irmão Emiliano é que a tirou para dançar, Bernardo tirou sua amiga Naila, e depois trocaram de par.

Onde estão presentes figuras do mundo oficial deve haver algum cuidado com o protocolo quanto à distribuição dos lugares à mesa. A disposição dos Ministros levou o da Justiça a ficar de frente para a homenageada, e não à sua direita, como ele pretendia, ocupada pelo Ministro das Relações Exteriores.

Por causa disso, ele fechou a cara e não olhou mais para Zélia. Se ela erguia um brinde, ele baixava o rosto. Se lhe dirigia palavra, ele não respondia. E assim foi o jantar inteiro.

Para uma alma sensível como a da aniversariante, aquilo era uma dura provação. Angustiada, percebeu que ia chorar — deixou a mesa e refugiou-se no jardim. Sua amiga Lia, notando que havia algo errado, foi buscá-la:

— Volta que todo mundo está reparando.

Recompôs-se e voltou. Foi a vez dele: ergueu-se ostensivamente e saiu da mesa como para ir embora. Ela deixou de lado as conveniências e o seguiu, alcançando-o no jardim:

— Que é que houve com você?

Ele a acusou de não saber exercer a sua autoridade — e iniciou-se uma discussão em que até o Ministro Rezek foi invocado por ele como tendo pretendido aproveitar-se da situação para cortejá-la. Lia se juntou a eles e disse que ficaria ali como se estivesse participando da conversa, para que não chamassem tanta atenção, revelando para todo mundo que havia alguma coisa entre os dois.

O que para ela não teria nada de mais, se não acontecesse todo mundo saber que ele era casado.

NO DIA seguinte, quinta-feira, se reconciliaram, e ele passou parte da noite na casa dela. E na sexta ela embarcava para os Estados Unidos, antecipando-se a Collor, que seguiu alguns dias mais tarde. Lá, ela ficou sabendo que o Ministro da Justiça, como de praxe, havia comparecido ao embarque do Presidente. Com a esposa.

— Uma no cravo e outra na ferradura — concluiu, pela primeira vez.

Em Washington ela se reuniu com o FMI e com o Banco Mundial. Num encontro com Brady, ele exigiu que o Brasil pagasse os juros. Ela reagiu, acusando os países ricos de se deixarem influenciar pelos bancos na discussão das soluções para a dívida:

— Esta é uma das razões pelas quais o processo de negociação tem tomado tanto tempo e mostrado tão poucos resultados.

Em Nova York esteve com o Presidente Collor, que fez, como é de tradição, o discurso de abertura da Assembléia Geral das Nações Unidas. Quando ia encontrá-lo para um jantar em companhia de sua mulher e outros mais, foi fotografada à porta do famoso restaurante Le Cirque, ao saltar de uma carruagem — o que seria tido no Brasil como capricho de uma "deslumbrada".

Na realidade, ao deixar o Hotel Plaza, com o irmão e Sérgio Nascimento, seu Chefe de Gabinete, não conseguiram táxi. A distância era grande, não teria como percorrê-la de salto alto. Os dois sugeriram então que tomassem uma das carruagens para passeios turísticos, sempre por ali, à porta do hotel, que ela mais paulistamente chamava de charrete. Relutou um pouco — banho tomado, perfumada, não teria graça chegar ao jantar cheirando a cavalo. Mas acabou concordando em ir de charrete, para não se atrasar.

À saída do restaurante, foi assediada por um fotógrafo retardatário que alugara outra carruagem:

— Por favor, Ministra — implorou ele. — Suba só um instantinho. Se eu perder essa foto, perco também o meu emprego.

Ela acedeu em se deixar fotografar na nova carruagem, aliás diferente da primeira. Tanto bastou para que um conhecido jornalista radicado em Nova York a acusasse de exibicionista.

Durante o jantar, derrubou na mesa um copo de vinho.

— Quem entornou esse vinho? — perguntou Rosane, aborrecida.

— Eu — respondeu Collor, ao mesmo tempo que Zélia, para perplexidade dos demais.

A RELAÇÃO dela com Bernardo Cabral não era de lhe inspirar segurança. Os amigos — Camargo, Luís Otávio, Kandir, Eduardo Teixeira — se mostravam solidários, mas via-se que não se entusiasmavam muito com o caso. Ela se sentia às vésperas de tomar uma decisão definitiva, guiada pela intuição. O desfecho de tudo aquilo teria um cunho emocional, como sempre.

Se a causa sentimental ia mal para ela, em outubro a causa pública ia pior.

A inflação sempre subindo. As pressões pela reindexação cada vez mais fortes por parte do Congresso, dos empresários, dos sindicatos. Com o envolvimento amoroso do Ministro e da Ministra vindo a público, durante uns quinze ou vinte dias houve mesmo a expectativa de que um deles deixasse o Ministério. Ou ambos.

A instabilidade da Ministra da Economia se refletia na aceitação da política econômica do Governo. Na dúvida se ela saía ou ficava, os empresários precavidamente aumentavam os preços e a inflação disparava.

Os bancos privados americanos, credores do Brasil, dizendo-se perplexos e indignados, consideraram "irreal" a proposta de leilões para reduzir a dívida externa.

Collor achava péssima a repercussão do caso Zélia-Bernardo, incompatível com a imagem que pretendia para a sua gestão. O Ministro da Justiça já vacilava no posto, pelo acúmulo de desgastes. Foi responsabilizado por erros jurídicos do Governo e esvaziara-se politicamente. A comissão de empresários e trabalhadores pelo pacto social considerava inaceitável a trégua proposta por ele. E aquele estranho caso de amor o tornara incômodo para o Planalto. O Presidente esperava que ele tomasse a iniciativa de se demitir. A menos que apresentasse a petição de desquite — conforme chegou a constar.

— É verdade — confirma Zélia. — Essa justiça eu gostaria de fazer ao Presidente Collor. Foi numa conversa que tivemos ambos com ele no dia 3 de outubro.

Mas o Ministro reagiu, acusando-a de haver-se unido ao Presidente para pressioná-lo:

— E você sabe que eu não faço nada sob pressão.

Em vez da petição do desquite, acabou por apresentar o pedido de demissão, sendo substituído no dia 15 pelo Senador Jarbas Passarinho.

Era nova etapa do Governo Collor que se iniciava.

Na véspera o ex-Ministro fora com o filho Júlio (já eleito deputado) diretamente de Brasília para a casa de João Carlos Camargo em São Paulo. A seu pedido, Zélia o aguardava ali, em companhia da mãe, com quem ele queria conversar.

— Eu amo sua filha — declarou. — Vou me casar com ela.

D. Zélia escutou em silêncio, mas, pela sua reação, via-se que não acreditava naquilo. Não ocultava o fato de que o pretendente à mão de sua filha não lhe despertava grande simpatia.

— É mentira dele — confirmou, ao saírem. — A minha intuição não falha: não acredite nisso, vai casar coisa nenhuma.

Mas Zélia acreditava. Era nova etapa do seu caso de amor que se iniciava.

Dois dias depois, ela recebeu a Ordem do Mérito Militar. Durante a cerimônia, a Banda dos Dragões da Independência tocou o bolero *Besame Mucho*.

XXII

O CASO de amor de Zélia passou a ser o assunto mais comentado pela imprensa. Aquilo acabou por irritá-la:

— Não merecia tanta notícia de jornal. Notícia é a dívida externa, é a luta contra os cartéis, é a luta para derrubar os preços, é o saneamento financeiro do setor público.

Ela tinha consciência de que sua privacidade era assim invadida por se tratar de uma mulher. Outras figuras do Governo, sendo homens, podiam ter lá seus casos amorosos, alguns capazes de constituir matéria de escândalo, e no entanto eram poupados pela imprensa com um silêncio discreto e conivente. Sem ser militante feminista, poderia ver naquilo uma causa em defesa da mulher brasileira. Como Ministra de Estado, ela cumpria com zelo e diligência seu dever profissional, chegava a sacrificar-se de tanto empenho pela causa pública — em que afetava os interesses da nação o que ela fazia ou deixava de fazer nas horas livres de sua vida pessoal?

E, além do mais, por que tanta excitação malsã, se o caso de amor que ela estava vivendo seria em breve legitimado com um casamento?

Mas essa legitimação dependia de uma separação legal — e era isso que, apesar das promessas, nem ela nem ninguém via acontecer. Pelo contrário: sucediam-se com insistência, até mesmo nos jornais, notícias de que o Ministro da Justiça fora visto aqui ou ali em companhia da esposa.

No final de outubro ele começou a se sentir mal, com problemas de coração, resolveu ir aos Estados Unidos se tratar. Ela teria de ir ao Chile naqueles dias em missão oficial.

— Aproveito o fim de semana e vou direto te encontrar em Nova York — decidiu Zélia.

— Não é preciso. Meu filho vai comigo.

— Faço questão de ir — encerrou ela, preocupada.

Em Santiago do Chile, tendo como assessores Kiko e Clodoaldo Huguenay, Diretor do Departamento de Assuntos Internacionais, reuniu-se com o Ministro da Fazenda e foi recebida pelo Presidente Aylwin. Em vez de regressar a Brasília, aproveitou um feriado que se emendava ao fim da semana e seguiu direto para Nova York, numa viagem arriscada, sem avisar ninguém. Sendo viagem particular, por sua própria conta, pretendia que não fosse mesmo da conta de ninguém.

Mas não passou despercebida da imprensa: a revista *Veja* lhe dedicou uma matéria de capa, com especulações que ela considerou mais uma intromissão na sua vida pessoal.

Ao chegar, foi direto para o Hotel Hilton, onde Bernardo Cabral estava hospedado. Encontrou-o relativamente bem de saúde, em companhia de Júlio, seu filho.

Mas só de saúde. De comportamento, estava mais estranho do que nunca. Deixava-a sozinha no quarto e ia para o do filho, onde ficava horas e horas. Ela não entendia o que se passava, foram três dias insuportáveis. Durante um almoço com os dois e Emiliano, ela se viu forçada a deixar a mesa e abandonar o restaurante, humilhada, logo seguida do irmão: Júlio lastimava abertamente aquele caso, fazendo em defesa da mãe, de quem se compadecia, comentários inconvenientes que o pai não deveria admitir. Dizia que era uma pobre infeliz, sempre fora mulher de um homem só.

"E isso agora é virtude?", pensou Zélia, revoltada.

Regressou ao Brasil no mesmo dia, praticamente rompida com ele. Os jornais não perderam a oportunidade. A *Folha de S. Paulo* noticiou que "o amor se converteu em amizade":

— Acabou amigável — ela teria declarado.

E o jornal acrescentava: "O Boto Tucuxi já é passado."

Como se vê, o apelido posto por Eduardo Teixeira se tornara de conhecimento público.

Na realidade, foram os amigos de Zélia que se encarregaram de divulgar o "rompimento". Sempre solidários com ela, não intervinham, mas torciam sempre para que ela acordasse.

Um colunista do *Jornal do Brasil* chegou a fazer insinuação mais grave, em inserção de notícias esparsas sem aparente conexão entre elas: no alto da coluna, a de que Zélia havia voado clandestinamente de Santiago do Chile a Nova York; no meio, a informação de que em Nova York o aborto era legalmente permitido; ao fim, a de que o ex-Ministro da Justiça Bernardo Cabral fora visto passeando em Park Avenue "com sua própria esposa".

A suposta gravidez de Zélia já vinha sendo sugerida de vez em quando pelos jornais — suposição afastada pelos exames que, por estafa, ela fizera no Incor: incluíam radiografia de tórax, contra-indicada para gestantes.

A única notícia procedente era de que D. Zuleide, no dia seguinte ao da volta de Zélia, fora para Nova York fazer companhia ao marido.

NOS ÚLTIMOS dois meses Zélia se sentia cerceada e impotente. Estava além de sua compreensão o que se passava. Ele pedira um prazo de quinze dias para tomar certas providências e poder sair de casa, separando-se de vez da mulher. Alegava que ela estava com problemas de saúde. Ele não tinha condições de pôr em prática tão importante decisão em 48 horas, como Zélia queria. A garantia de que até lá tudo estaria resolvido é que, desde já, ele lhe pedira a chave do apartamento em São Paulo, para providenciar a mudança.

O prazo se esgotara, sem que nada acontecesse.

Ela passara com ele pelo menos oito meses praticamente entre quatro paredes. O que era vivido no mais sigiloso recolhimento, a portas fechadas — *huis clos*, como na peça de Sartre —, tornara-se matéria de comentários maliciosos pela imprensa ou de boca em boca, como se sua vida íntima fosse um picante espetáculo teatral em exibição num palco, para o deleite da platéia de todo o Brasil. Sua história, contada de todas as formas, verdadeiras ou inventadas, sua foto nos jornais e revistas em todos os ângulos — era como se ela estivesse vivendo a cada dia novo capítulo de uma fotonovela romântica e sentimental.

Ele lhe dissera, no começo, que ela não era "a sua mulher inaugural, mas sua estréia nos sentimentos". Zélia acreditou. E ainda acreditava. Naquele dia 17 de maio, já tão distante, no restaurante Oásis, no Rio, uma churrascaria na Ilha do Governador, ele a pedira em casamento. Era um compromisso formal, selado poucos dias mais tarde em Nova York, quando em visita à Catedral de Saint Patrick ele confirmou a proposta, chegando a representar a cena do casamento. Depois veio a aliança, exibida por ela com satisfação, sem poder revelar a identidade do pretendente: ele pedira que a usasse, não somente como símbolo do compromisso mas também porque lhe daria sorte. Ela imaginava que breve sairiam da clandestinidade, estariam vivendo juntos.

"Infelizmente esta saída escapou ao nosso controle", Zélia lhe escrevia agora: "Não adianta chorar sobre o leite derramado. Caberia a nós retomar as rédeas, com a única atitude digna do nosso amor: assumir integralmente."

Por não o terem feito, sobrara para o país inteiro aquela imagem dos dois: ela, solteira, apaixonada; ele, casado, sedutor.

Era consolador saber que o Presidente Collor mandara fazer uma pesquisa em todo o Brasil, apurando oitenta por cento de opiniões favoráveis ao caso. O que Zélia tomara como uma prova de consideração de Collor para com ela, zelo pela felicidade pessoal de uma amiga, era principalmente preocupação com a estabilidade de seu Governo, face a ameaça de um escândalo iminente.

E Zélia se angustiava ao ver o seu caso de amor cair na vala comum do *affaire*. E mais ainda porque sabia que os dois eram motivo de gracejos maledicentes e até obscenos. Já haviam mesmo inspirado uma paródia musical, que em outras circunstâncias podia até ter certa graça, mas cuja boçalidade a atingia fundo.

Estimulada por ele, em São Paulo havia deixado a casa onde vivera mais de dez anos, não só porque era pequena para os dois como porque desejava iniciar vida nova sem as referências do passado. No apartamento em que viera morar, ficava feito barata tonta, andando de um lado para o outro, sem as referências do passado e muito menos perspectivas para o futuro. A fim de realizar o que sonhavam, de comum acordo ela já não tomava mais precauções quanto a uma possível gravidez, passando a desejá-la ardentemente.

O que haveria mudado? O amor dele era, como o dela, de tal magnitude que não podia ter acabado da noite para o dia, levando-o a evasivas quanto a sua plena realização numa vida em comum. Ou, pior ainda — uma hipótese que ela rechaçava com horror: não havia jamais existido, tudo não passando de puro fingimento. O que lhe fazia lembrar os versos de Fernando Pessoa (que, na sua confusão, atribuiu a Mário da Silva Brito) mencionados na carta que lhe escreveu naquele dia:

"O poeta é um fingidor
Finge tão completamente
Que chega a fingir que é dor
A dor que deveras sente."

E ela encerra a sua carta:

"A nossa história não comporta retrocessos. Nossos sentimentos não são compatíveis com o medo, com a indefinição, com a falta de decisão. É por isso que eu não entendo o que se passa. Eu queria construir, parafraseando Chico Buarque, tijolo por tijolo, a nossa relação. Você sabe que no futuro me terá inteira, íntegra, leal, disposta a mobilizar toda a energia para fazê-lo feliz."

ENTREGOU a carta. Encontraram-se uma semana mais tarde:

— Zélia, eu não vou poder decidir ainda.

Era o último dia do novo prazo que ela dera. Bem que seu analista havia aconselhado:

— Olha, esse negócio de prazo... A gente só estabelece prazo quando pode ir às últimas conseqüências.

Ele deu um motivo qualquer — sempre tinha um motivo. Acabaram jantando juntos, em casa — jantar romântico, à luz de velas. Depois ouviram música, dançaram, foi uma noite feliz.

Novo prazo: até 7 de dezembro, quando então ele faria as malas e sairia de casa.

Naquela semana, Zélia voltou a ter problemas na garganta, ficou afônica. Não havia como conversar e contra-argumentar, diante de novas evasivas dele. Ela sentiu que ele não estava bem. Na sexta-feira, quando decidia questões relativas à dívida externa no Ministério com Ibrahim, Kandir e Jório Dauster, foi chamada de lado por Luís Otávio Pacífico, seu amigo e representante em São Paulo: Bernardo Cabral havia sido internado no hospital, com pressão alta.

Sem poder visitá-lo, sem voz para ao menos usar o telefone, a sua angústia abriu-lhe a alma numa duplicidade de sentimentos opostos, que se excluíam.

De um lado a certeza, aurida na sua já longa prática das traições do subconsciente, de que ele fora vítima de uma somatização da sua incapacidade de decidir: ficou doente para não ter como vir ao seu encontro em definitivo. E não conseguiria vir jamais. Não porque não quisesse, mas porque sua relação conjugal era uma estrutura já calcificada pelo tempo, endurecida pelos preconceitos e conveniências. Ela teria que esquecer aquele homem, atirar longe a aliança, projetar no infinito o seu desejo de se casar com ele e serem felizes.

Já o outro sentimento era o de que ele ficara doente mesmo, não poderia abandoná-lo nessa hora, nem deixar de ajudá-lo, dar-lhe apoio, ficar solidária com ele em seu sofrimento.

E como este foi o sentimento que acabou predominando, escreveu-lhe outra carta, mais longa ainda: tinha de iluminar o seu caminho, ele precisava de uma luz.

De súbito, nela própria uma luz se acendeu, iluminando o seu espírito. E não entregou a carta, porque chegou à conclusão de que ele não precisava de luz nenhuma e ela não tinha mais nada a lhe dizer.

XXIII

O GOVERNO Collor chegava ao fim do ano tendo diante de si as mais sombrias perspectivas. Já ia longe o tempo em que o índice de sua popularidade nas pesquisas ultrapassava oitenta por cento. Agora, se chegasse a trinta, era muito.

Em outubro, a inflação continuava em ascensão. Os autores do plano econômico, e ainda responsáveis pela sua aplicação, quando se preparavam para receber a imprensa, tentavam assumir o clima de alegre descontração do tempo dos Brancaleone, com um ou outro gracejo que agora tinha conotações de humor negro:

— Ninguém olha para cima na hora das fotos, para não dizerem que estamos tentando ver a inflação.

Um deles, Motta Veiga, alçado à Presidência da Petrobrás, tantas fez e aconteceu que a Ministra da Economia acabou sendo chamada a depor na Comissão de Inquérito do Senado que examinava questões relativas à administração da empresa. Zélia não vacilou em responsabilizar a direção pela falta de acesso aos dados sobre sua situação econômica. A crise levou à escolha de Eduardo Teixeira para a Presidência da Petrobrás. Motta Veiga saiu acusando a assessoria direta de Collor (Marcos Coimbra, Paulo César Farias & Cia.) de interveniência indébita na sua gestão.

Ainda em outubro a Ministra enfrentava uma reunião de mais de duzentos empresários, a quem afirmou que o aperto seria mantido.

— Caímos numa cilada com o Plano Collor — reclamou Mário Amato.

— O empresariado é quem mais ganha com a inflação alta — contra-atacou a Ministra. — Consegue colocar seus preços à frente dos salários.

E mais tarde ela voltava a se manifestar:

— O Governo já fez sua parte, os trabalhadores já fizeram a deles. Esperamos agora que os empresários façam a sua.

Seria o caso de invocar novamente a história do Garrincha? (Por outro lado, Zélia poderia argumentar que as instruções do técnico Feola deviam estar certas, pois os russos perderam a partida e ao fim da Copa éramos campeões.)

O Ministro Passarinho deu o ar de sua graça:

— O salário ameaça a realização do pacto.

Sua atuação não fez mais do que provocar trocadilhos de mau gosto:

— E o povo que pague o pacto.

— Lugar de Passarinho é na gaiola.

Seria engraçado se não fosse trágico. As concordatas em São Paulo atingiam níveis jamais alcançados nos últimos anos. Em novembro, a alta nos supermercados batia récordes. A recessão chegava à agricultura. Collor repreendeu publicamente seus Ministros e Secretários por desentendimentos entre eles, manifestando apoio apenas à Ministra da Economia.

ZÉLIA telefonou ao Presidente para comunicar que o índice da inflação de novembro calculado pela FIESP seria de 19 por cento. Foi terrível o longo silêncio do outro lado da linha, até que ele dissesse, afinal:

— Mas então, Ministra, estamos derrotados? E os nossos instrumentos?

Reunião de cinco horas da equipe, discutindo com franqueza o problema. Depressão, pessimismo, principalmente da parte de Ibrahim. Para Kandir — e os demais concordavam — um grande entendimento de âmbito nacional seria a única saída. Mas como chegar a ele?

Era preciso que os adversários estivessem de acordo e colaborassem — mais uma vez se manifestava a síndrome do Garrincha.

Ibrahim continuava descrente. Voltando de uma pequena viagem ao exterior, informou:

— "A clima está péssima."

Chegou a pedir que fosse "liberado". O controle monetário escapava de suas mãos, sentia-se impotente. Não foi fácil para Zélia conseguir que ele vencesse a crise de desânimo.

Modiano sugerindo um grande ajuste fiscal. João Maia querendo aprofundar a recessão: agora era ir até o outro lado do túnel. Eduardo Teixeira sugerindo a preparação do terreno para a política de rendas em março.

Passaram a chamá-lo de Eduardo, o Breve, pois provavelmente ficaria pouco tempo na Presidência da Petrobrás.

O consenso apontava para a única saída: "Oferecer mais da mesma coisa." E sem resultados visíveis a curto prazo. O país não agüentaria.

Luís Eduardo não dizia palavra. Instado a se manifestar, disse estar se lembrando de um filme de bangue-bangue a que assistira havia tempos: uma caravana de homens do Oeste enfrentando os índios. Haviam sido praticamente dizimados em repetidos cercos, só restavam sete, dispostos a partir para a luta final. Ele encerrou o relato revelando o nome do filme: *Os Massacrados*.

Zélia percebeu que chegara a hora de passar um sermão na equipe, não deixar que aquela onda de pessimismo saísse vencendo. Ela própria poderia optar pelo caminho mais fácil, atirar a toalha, pedir demissão. Venilton, que sempre lutou para que ela fosse Ministra e não apenas assessora de Collor, como alguns preferiam, se lembrou de haver dito então:

— Entrou no inferno, tem que abraçar o diabo.

Foi o que decidiram fazer: continuar lutando. Este era o grande desafio, a hora da verdade, haveriam de vencer.

A Ibrahim, pessoalmente, durante um almoço, ela acabou confessando a profunda tristeza que a destruía no íntimo. Não era fácil pilotar a famigerada oitava economia do mundo com o coração tão machucado. Poucos dias antes ela acreditava que se tratasse de um grande amor. Amor que ainda sentia, e como nunca. Aquela saudade, aquela distância, aquele silêncio dele. Jamais entenderia a razão. Olhando o telefone a cada momento, na esperança de que tocasse e fosse ouvir a sua voz. Usando o intervalo entre as reuniões e audiências para chorar. Chegando em casa aflita, na expectativa de encontrar uma carta, ao menos um recado. E à noite tendo de enfrentar a solidão.

NAQUELA tarde de dezembro, depois de ser recebida pelo Presidente, reiterando a disposição de continuar a luta, teve no Ministério uma surpreendente sucessão de boas reuniões. Chegaram a conclusões positivas sobre tarifas do comércio exterior, moedas na privatização e dívidas das estatais. Conseguiu "bater o martelo", tomando várias decisões de importância.

Num encontro com João Santana, procuraram ambos acertar os seus relógios, que andavam meio desajustados desde algum tempo: certo tipo de reações dele não se harmonizava com o espírito da equipe.

Foi boa a conversa, embora ainda estivessem "se estranhando" um pouco. Concordaram, por exemplo, em que era preciso aprofundar a reforma administrativa: os vários Ministérios e Secretarias estavam aos poucos recuperando atividades e funções que haviam sido extintas.

Cumprimentos de fim de ano ao Presidente. Quando chegou a sua vez, ele lhe disse à queima-roupa:

— O reajuste do funcionalismo tem que ser aumentado.

Ela tentou um ar de aquiescência, que talvez não passasse de uma careta idiota. Como responder, numa fila de cumprimentos? Pela manhã ele havia telefonado para ordenar que não se manifestassem sobre o assunto. A razão, obviamente, era a reivindicação salarial dos militares. Sempre os militares.

Já Mário César Flores, Ministro da Marinha, a cumprimentou dizendo calorosamente:

— Ministra, fique firme. Afinal nós não podemos ter feito todo este sacrifício durante meses para acabar entregando os pontos.

Ela, que enfrentava a dor de uma separação, via-se cercada de impasses na vida pública: o impasse da Petrobrás, da dívida externa, da Embraer, do Pacto Social.

Mais uma reunião do Pacto Social com o Ministro Passarinho. Mais um confronto com empresários e sindicalistas e seus pleitos contraditórios: reduzir impostos, aumentar subsídios e ainda exigir bons resultados no combate à inflação. Alguns pareciam mais preocupados com a cor dos olhos da Ministra do que com sua atuação à frente da economia nacional.

Ficara estabelecido com o Ministro Passarinho que naquela etapa dos entendimentos não se falaria em salário, assunto que era anátema, impediria qualquer acordo: seria falar de corda em casa de enforcado.

Para distrair a atenção, Kandir disparou a fazer uma preleção da maior competência sobre a dívida externa. E apresentou um minucioso plano de pagamento da dívida num prazo de quarenta anos.

Até os dirigentes sindicais Jair Meneguelli e Luís Antônio Medeiros manifestavam sua aprovação. Mas Canidé Pegado, presidente da CGT (havia sucedido ao Ministro Magri), resolve protestar:

— Não posso concordar com esse entreguismo.

Diante do quê, o Ministro Passarinho procura mudar de assunto:

— Quanto ao problema dos salários...

Zélia disfarçadamente pede a Camargo que diga estar sendo chamada ao telefone.

NENHUM Ministro na história da República reuniu tamanha soma de poderes, nem mesmo durante o tempo das ditaduras militares. O Ministério da Economia sucedeu o da Fazenda dos tempos do Delfim Netto, incorporando nada menos que o Ministério do Planejamento, o

Ministério da Indústria e Comércio e metade do Ministério da Agricultura.

Havia mais do que isto: a Ministra da Economia tinha o poder junto ao Presidente de aprovar ou não o currículo dos candidatos a nomeações em sua área, apresentando o veredicto final. O que lhe permitia contar nos altos escalões da administração pública com aqueles que eram da sua confiança pessoal.

E que podia fazer a czarina todo-poderosa da economia brasileira naquele momento tão difícil? Como conter a disparada dos preços?

E dizer que ela não pensara nem em ser Ministra da Economia do Governo Collor, mas apenas assessora do Fernando.

As reuniões da equipe se sucediam, os de sempre: Ibrahim, Kandir, Kiko, Modiano, João Maia, Luís Eduardo, Venilton. As opiniões eram unânimes: tinha de haver um entendimento.

E a palavra sinistra volta e meia lhes ocorria: congelamento.

Como no verso do poeta mineiro, seria uma rima, não seria uma solução.

Então Zélia sentiu que entre os que tinham algum poder em nosso país, só eles ali, trancados naquela sala, aquele pequeno bando de economistas visionários, pouco mais de meia dúzia de idealistas tresloucados, é que desejavam realmente acabar com a inflação. Era o que Garrincha, na sua filosofia simplória, estava querendo dizer: os outros tinham que estar de acordo. E os outros — empresários, financistas, banqueiros, políticos, dirigentes de toda espécie, os verdadeiros donos do mundo

— estes queriam é tirar proveito, ganhar cada vez mais dinheiro, o povo que se danasse.

— O povo não tem *lobby* — concluía ela.

A produção do país atingia seu nível mais baixo desde 1981. Collor fez pela televisão um apelo ao povo de combate à inflação. Mas não dependia do povo. A previsão era de que a inflação de dezembro chegaria a vinte por cento, daí para mais. O Governo acusava a própria Constituição de ser inflacionária.

O Plano Collor parecia haver fracassado.

XXIV

DE REPENTE Lygia Marina tocou-me o braço, sem esconder seu alvoroço:

— Olha quem vem ali — sussurrou.

Eram duas horas da tarde de sábado, em frente ao restaurante The Place, em São Paulo. O lugar estava repleto, tínhamos de aguardar mesa praticamente na rua — uma rua movimentada, carros chegando e partindo, manobreiros se desdobrando. Em companhia de minha filha Verônica e João Mário, seu marido, aguardávamos também nossos queridos amigos Wilma e Eduardo Vaz (ilustre causídico, verdadeiro leão forense), que haviam ficado de almoçar conosco. E Lygia naquele açodamento:

— Olha aí — repetiu. — Essa eu não perco.

Antes que eu pudesse sequer entender o que se passava, ela já abordava a mulher que acabava de saltar de um carro em companhia de dois casais.

— Ministra, quero lhe apresentar meu marido, um admirador seu.

Disse meu nome e me vi cumprimentando a Ministra Zélia Cardoso de Mello, que me estendeu a mão naquele jeito seu, mantendo-se a distância:

— Eu é que sou sua admiradora — murmurou ela, séria. — Desde *O Encontro Marcado*.

Lisonjeado, tentei um tom cordial e descontraído:

— Quem sou eu, Ministra, para ter um encontro marcado com a senhora.

Mesmo de roupa esporte, estava como sempre vestida com extremo bom gosto: calça comprida bege e blusa de seda cor de areia com *pois* preto. Apresentei-lhe Verônica e João Mário, trocamos ainda algumas palavras antes que ela entrasse:

— Já que a senhora se referiu com tanta simpatia a um livro meu, vai me permitir que lhe mande o que acaba de ser publicado.

Ela agradeceu, pedindo apenas que não mandasse para o Ministério e sim para sua casa. (Seria este um sinal de que estava preparada para deixar de ser Ministra a qualquer momento?) Tirou da bolsa um pedaço de papel, rabiscou um endereço e me estendeu. O que me valeria mais tarde o gracejo de mau gosto de um amigo: Bernardo Cabral não ia gostar.

Ela acrescentou, como uma simples informação, já se despedindo:

— Eu vi o programa do Jô.

Referia-se a uma entrevista que dei a Jô Soares algum tempo antes, durante a qual ele pediu minha opinião sobre o Governo Collor e assim respondi:

— Certa vez perguntei ao meu querido amigo Murilo Rubião, o grande contista mineiro, se acreditava em Deus. Ele ficou pensativo e acabou dizendo: "Em Deus acho que não acredito não, mas tenho grande devoção por Nossa Senhora." É o meu caso em relação ao Governo: no Deus Collor, acho que não acredito não, mas tenho grande devoção por Nossa Senhora Zélia Cardoso de Mello.

Antes que o simpático entrevistador prosseguisse, fui em frente, soltando a língua, instigado pelo uísque que me havia servido:

— Acho essa mulher um barato. E deixa a moça namorar, que diabo! É um direito dela, a vida é dela, ninguém tem nada com isso. Quer saber de uma coisa? Como disse Jules Renard sobre Sarah Bernhardt: se essa mulher me acenar com o dedo mindinho, eu vou atrás dela até o fim do mundo. Com minha mulher e meus filhos, é claro.

Jô Soares assentiu com ar grave, revelando ser da mesma opinião. A assistência aplaudiu, estimulando-me. Então arrematei, enfático:

— Para mim, Zélia Cardoso de Mello é a figura mais fascinante surgida na nossa vida pública nos últimos trinta anos, desde Juscelino Kubitschek.

Era a esse programa que ela se referia naquele nosso fugaz encontro.

— Pois reafirmo o que eu disse — falei-lhe então. — E deixe que acrescente: fascinante não só como figura pública, mas como ser humano e como mulher.

Para meu espanto, aconteceu algo que eu pensava só existisse hoje em dia em romances de Delly: ela enrubesceu. Eu não imaginava sequer que ainda teria oportunidade de usar esse verbo.

Logo ela se despedia e se afastava com seus amigos, misturando-se aos que aguardavam mesa no restaurante, como um freguês qualquer.

A PRIMEIRA das longas cartas que Zélia escreveu em novembro, à semelhança da segunda, poderia também deixar de ser enviada, pois o destinatário sequer a mencionou na que ela recebeu em seguida.

Escrita a 12 de dezembro, em apenas duas páginas curtas, de elevada linguagem e com a mesma caligrafia impecável, ele próprio a qualifica de "mensagem da mais absoluta simplicidade", sem outra intenção que a de confirmar o que ela mesma costumava dizer: quando se toma uma decisão, alguém sai perdendo, e nem sempre o caminho escolhido é o mais acertado. Estava seguro, sem nenhum masoquismo, de que era ele o grande perdedor, que decidira partir sem rumo, nem destino certo, nem porto escolhido para ancorar o barco da sua tristeza, sem pretender chegar nem ficar em lugar algum, sem saber quando voltaria, se voltasse. Reafirmava com ênfase, em maiúsculas, JAMAIS ter havido ninguém a quem tivesse amado tanto e a quem estaria amando sempre. Terminava enviando-lhe o seu beijo, a sua saudade, a sua lágrima — e pedindo para ambos a proteção de Deus.

Pelo que ela ficou sabendo pouco tempo depois, esgotado o último prazo que lhe dera, ele estava comunicando à sua maneira que partiria com a mulher naquele fim de ano em viagem à Europa.

ELA não conseguia dormir. Recordava as palavras carinhosas das cartas dele — houve mesmo uma, tão delicada e poética, que vinha a ser um acróstico, cada frase se iniciando com uma letra de seu nome. (A primeira com o próprio nome, pois dificilmente encontraria outra palavra com a letra Z.) Em outra carta, ele ensinava como poderiam desenvolver a confiança recíproca, para falar um ao outro de seus desejos, sentimentos e problemas.

Ela sofria por ver que ele não conseguia superar suas dificuldades: a de trocar o conhecido pelo desconhecido, o antigo pelo novo, a rotina pela surpresa.

Achava-o forte, seguro, digno, leal. Um homem assim não podia ter medo, no plano afetivo, de encarar uma vida nova — isso é que ela não entendia. Talvez ele temesse enfrentar uma situação que não estivesse ''sob controle'', como costumava dizer.

Chegara até a escolher com ela os objetos de decoração do apartamento onde viveriam juntos e conceberiam seus filhos — esperavam que fosse mais de um, e até o nome deles já haviam decidido. Gracejavam sobre isso e algum tempo antes, quando estiveram com Camargo e Aninha, sua mulher, ele comentou, feliz, vendo que ela estava grávida:

— Zélia em breve vai estar assim como você. Nossos filhos ainda vão brincar juntos.

Nada parecia a ela mais simples: era só fazer as malas e sair de casa.

— Você cismou com as malas — protestava ele.

É que elas simbolizavam a decisão irreversível de se mudar: quem se muda arruma as malas. Por isso é que tanta gente sai de casa sem mala: para não assumir a mudança, prefere comprar novas roupas e só muito mais tarde, situação já estabilizada, volta para buscar alguns objetos pessoais. Ou nem isso.

Ele não fazia as malas, e sua imagem é que ia mudando: do homem confiável, correto, capaz de tomar decisões, tal como a imagem que lhe apresentava, ia passando a fraco, indeciso, desleal, não-confiável, incapaz de cumprir seus compromissos, "cleptomaníaco" do tempo dos outros e, o que era mais grave, do seu próprio.

Ele não era capaz de enfrentar a hora da verdade, eis tudo. Fez as malas e foi passear com a esposa.

ZÉLIA passou as festas de Ano Novo em Angra dos Reis, na companhia de vários amigos. Eram dez pessoas dividindo uma casa de quatro quartos, alugada pelo empresário Eugênio Staub e esposa, também seus amigos e que faziam parte do grupo.

Era um merecido lazer, a que todo mundo tem direito. Principalmente depois de um ano inteiro de dedicação a um trabalho estafante que entrava pela noite e na maioria das vezes não respeitava sábados, domingos e feriados. Estava ali à própria custa e portanto sem prejuízo algum para o erário.

Ainda assim, teve de pagar o preço da notoriedade que lhe trouxera a vida pública: descoberta pela imprensa, viu mais uma vez invadida por repórteres e fotógrafos a fugaz privacidade de que ali desfrutava.

Declarou aos jornais que em 1991 as dificuldades do país exigiriam a cooperação de toda a sociedade. Mas eles deram igual destaque à notícia de que ela estava lendo o livro *Chega de Saudade* (de Ruy Castro, sobre bossa-nova). E ao deixar Angra, no carro de Modiano, que fora visitá-la, houve uma perseguição digna de cinema pelos carros da imprensa.

A presença do Presidente Collor também veraneando por ali, numa ilha das proximidades, só fez agravar a impressão que o noticiário instigava: a de que aquilo era um acinte para a nação. O desemprego, o arrocho salarial, a disparada dos preços e a recessão já levando o povo à miséria e ao desespero, enquanto os responsáveis se divertiam, comandados por Zélia, transportando a ilha da fantasia que era Brasília para o litoral fluminense. E a sua foto de biquíni saía publicada em vários jornais. Não prevaleceu a seu favor pelo menos a agradável confirmação de que os dotes físicos da Ministra não deixavam nada a desejar.

Fazia lembrar, o que já era um consolo, Jacqueline Kennedy, que teve pior sorte (para os leitores, melhor), ao ser flagrada completamente nua pela teleobjetiva de um fotógrafo indiscreto, no refúgio da ilha de Scorpios, do seu então marido Onassis. Para bisbilhotar-lhe a vida íntima, os jornalistas americanos chegavam até a arrecadar secretamente o próprio lixo do seu apartamento no prédio fronteiro ao Central Park, em Nova York.

Zélia sempre foi de uma admirável fotogenia — o que não passou despercebido aos fotógrafos de todo o Brasil e a muitos do resto do mundo. Apareceu em matéria de capa na maioria das revistas nacionais e teve sua foto estampada em várias publicações estrangeiras. As revistas *Stern* e *Marie Claire* fizeram justiça aos seus encantos. O jornal alemão *Die Welt* consagrou numa foto as suas "pernas impecáveis". *Paris-Match* lhe deu o devido destaque fotográfico entre *les femmes que nous gouvernent*.

A CAMISETA de Zélia em Angra, com os dizeres "Esperança 91", parecia ter trazido sorte nos primeiros dias do ano. Os empresários se declaravam esperançosos de que o fantasma da mega-recessão não viesse assombrar a vida econômica do país. As vendas do comércio em dezembro os haviam deixado mais otimistas em relação aos próximos meses.

A Ministra da Economia reassumiu seus altos poderes discutindo com os assessores a possibilidade de baixar as taxas de juros e mostrar que o Governo se opunha a novo congelamento de preços.

Prossegue o programa de privatização: ela envia a Collor uma lista de empresas estatais que deverão ser privatizadas, como a Açominas e a Companhia Siderúrgica Nacional.

Mas outro fantasma surge no horizonte para atormentar a nossa economia: a ameaça de guerra no Golfo Pérsico. Para Ibrahim, seria simplesmente catastrófica, acarretando alta da inflação, aumento da recessão e dificuldades na renegociação da dívida externa.

Fazendo coro, economistas da corrente adversa, como Luís Carlos Bresser Pereira, Roberto Macedo e André Lara Resende, depois de um debate sob a coordenação de Carlos Alberto Longo, alertaram para o perigo de uma iminente hiperinflação. Confirmando, os produtos básicos sofreram uma alta de doze por cento. Zélia convocou os empresários para uma reunião e pediu-lhes que contivessem aumentos de preços, tendo em vista os efeitos da guerra no Golfo Pérsico — já deflagrada.

Tudo isso ainda em meados de janeiro. O apoio popular ao Plano Collor voltou a cair nas pesquisas, depois de dez meses de estabilidade: 49 por cento da população condenavam a política econômica. Segundo a FIESP, o desemprego industrial era o maior do país nos últimos dez anos. Preocupada com a alta da inflação na primeira quinzena do mês, atribuída a alimentos, produtos de higiene e automóveis, a Ministra lançava uma novidade: os supermercados teriam que lhe enviar semanalmente as planilhas de preços no atacado e no varejo. Por seu lado, a FIESP recomendava às empresas que descumprissem a portaria do Ministério que obrigava quase oitocentas delas a fornecer ao Governo informações fiscais sobre seus negócios. A resposta da Ministra reiterando a decisão foi taxativa:

— O respeito à lei é a base da sociedade democrática.

Comentário do Ministro Passarinho:

— A Ministra Zélia tem o que eu chamaria de santa obstinação.

Ela se reuniu com a bancada do PRN no Congresso e comunicou que o Plano Collor sofreria "alguns ajustes".

No dia seguinte era anunciado o novo choque na economia: congelamento de preços e salários por tempo indeterminado, aumento de 46 por cento no preço dos combustíveis e fim do *over*. A poupança passaria a ser regida pela economia de mercado.

Era o que a imprensa passou a chamar de Plano Collor II — que, na opinião de um jornal, vinha conceder à Ministra da Economia poderes de Imperatriz.

Imagino o Presidente Collor telefonando para ela no dia seguinte:

— Imperatriz, Vossa Majestade pode me informar como vai indo o novo plano?

XXV

A ESTA altura do meu relato, percebo que os fatos não parecem reais e os figurantes falam e agem como personagens de ficção.

Sem poder colocar na abertura a advertência de praxe nos filmes e romances americanos, de que tudo não passa de imaginação, valho-me pelo menos de uma paráfrase, para exprimir este estranho fenômeno:

"Os personagens e acontecimentos deste livro têm tudo para ser fictícios. Qualquer semelhança com fatos ou pessoas da vida real deveria ser mera coincidência."

Resolvo interpelar a principal heroína da história:

— Vocês asseguravam que não ia haver congelamento. Não é constrangedor ter de escamotear a verdade para que ela prevaleça? Como foi que isso aconteceu?

Ela sorri, diante de tamanha inocência:

— Se não existissem os chamados segredos de Estado, efetivamente nossa missão seria bem mais fácil. Como aconteceu? Não foi da noite para o dia. Desde setembro do ano passado já estava acontecendo.

E conta que precisamente no dia 18 de setembro — lembra-se da data por ter sido dois dias antes de seu aniversário — a equipe econômica teve uma reunião com o Presidente, expondo-lhe a situação difícil a que haviam chegado: a inflação apresentava tendência de alta. Passaram a tarde inteira com ele estudando o problema. Todas as hipóteses foram examinadas, inclusive a do congelamento.

A partir de então, até o fim do ano continuaram debatendo a questão. Insistiam com o Presidente em que sem um entendimento nacional o congelamento seria inviável. Com mais experiência dos políticos, ele certamente sabia que encontraria dificuldades.

Depois das férias de fim de ano, retomaram as conversações com ele. Reafirmavam sempre a convicção de que embarcar num novo plano sem articulação política e social não ia dar certo. Cada um deles falava livremente tudo que pensava sobre o congelamento, que era o consenso de todos.

— Algum de vocês tem um forno de microondas? — perguntou Collor, tentando se identificar ao espírito da equipe.

Referia-se à dificuldade que sobreviria ao enfrentarem a fase do descongelamento.

Se esse fosse o preço de um entendimento, eles se ofereciam como moeda de troca: sendo necessário, o Presidente poderia dispensá-los, para chegar a um acordo com os Partidos e com as entidades representativas da sociedade. Collor achou a idéia muito original:

— Vocês têm alguma sugestão? Se tiverem alguém, ou algum nome a sugerir, por favor me digam.

Recusava qualquer alternativa: levassem avante o plano, era tudo que podia sugerir. E deixassem os entendimentos por conta do Ministro Passarinho.

Para Zélia, aí começava o equívoco: a articulação política devia ser da iniciativa do próprio Presidente, em pessoa, ele não poderia delegar poderes. Ainda mais ao Passarinho.

Lançado o novo Plano, Zélia fazia questão de não considerar o congelamento a sua peça principal, como disse pela televisão:

— Trata-se de uma trégua: vamos parar um pouco com a aceleração dos preços e pôr ordem na casa, desindexar de uma vez a economia, fazer uma modificação profunda no mercado financeiro. Para isso foi criado o Fundo de Aplicações Financeiras. Vamos caminhar rapidamente para um amplo entendimento político.

Por seu lado, Collor repetiu pateticamente na televisão o *slogan* de sua campanha:

— Não me deixem só!

E afirmou que o congelamento era um instrumento quase cirúrgico, para ser usado quando não houvesse outra solução, como era o caso.

ZÉLIA, ela própria, pôs-se a negociar com os políticos o apoio ao Plano Collor II. Entre outras iniciativas, aproximou-se do PDT através do deputado Miro Teixeira. E compareceu com sua equipe ao Congresso para uma sabatina sobre o Plano.

Como era de esperar, as pesquisas acusavam um alto índice de rejeição popular: 58 por cento.

O que faltava mesmo era o empenho da própria sociedade. O Presidente, justiça lhe seja feita, pelo menos tentou de todas as maneiras entender-se com as lideranças políticas e especialmente com o PSDB, que se recusava a sair de cima do muro. Mas era preciso principalmente conquistar a boa vontade e a colaboração efetiva por parte dos empresários, banqueiros, políticos, sindicatos, entidades profissionais:

— Enfim, todos que vinham assumindo o papel de adversários do programa.

— Como no caso do Garrincha — comento.

Ela não perde o bom humor:

— É a terceira vez que você menciona esse caso.

Mas sinto certo desalento no tom em que ela prossegue:

— Pode ser que eu seja idealista, ingênua ou idiota, mas acho que o que falta no Brasil é patriotismo mesmo. Falta espírito de solidariedade nas causas de interesse geral, acima dos interesses de cada um. Ninguém está pensando no Brasil a longo ou mesmo médio prazo. Todo mundo está pensando em si próprio, em tirar proveito, e no prazo mais curto possível.

Pergunto-lhe como conseguir, sem uma revolução,

em plena vigência do regime democrático, com uma Constituição a obedecer, a indispensável unanimidade por parte da imprensa, do Congresso, dos militares, da Igreja, dos empresários, dos intelectuais, dos banqueiros, dos operários.

— Vocês não estariam pretendendo fazer uma omelete sem quebrar os ovos?

Falo-lhe na minha convicção de que qualquer reforma profunda na estrutura econômica de nosso país teria de se fazer a partir da reforma agrária. E esta, que eu saiba, até agora só se fez em qualquer lugar do mundo através de uma revolução. Como nos países comunistas — para dar no que deu.

E de minha parte dou por encerrada a petulância dessa minha rápida intervenção de advogado do diabo, quando ela informa que já em fevereiro as negociações com o Congresso eram bem-sucedidas e conseguiram manter o controle da inflação:

— Eu dizia sempre que se existe a disposição de consertar realmente o país, não se pode tomar meias medidas. E, em conseqüência, há de ter também a disposição de enfrentar sacrifícios. O que dissemos ao Presidente é que, guardadas as proporções, só tínhamos a oferecer sangue, suor e lágrimas. Ninguém esperasse que a situação em 1990 seria muito difícil e que ficaria mais fácil em 1991. O prazo seria um pouco mais longo.

LOGO começou o desgaste natural por sua firmeza dizendo ''não'' para todo mundo: Ministério da Saúde, Ministério da Educação, empresariado, organizações bancárias, governos estaduais e municipais. O primeiro atrito se deu quando a Prefeita Luiza Erundina aumentou as passagens de ônibus um dia depois de anunciado o congelamento. Em represália, Zélia suspendeu o repasse de recursos federais à Prefeitura de São Paulo. A Prefeita retaliou, pedindo tanto a Jair Meneguelli, da CUT, quanto a Mário Amato, da FIESP, o apoio para uma ''Frente Anti-Zélia''.

Em outras palavras: uma frente única, da direita e da esquerda, contra o erário.

O desaguisado durou um mês, quando as duas afinal se reuniram, debateram sobre verbas e acabaram por se entender.

Sentindo-se isolado, Collor buscou o Congresso, tentando iniciar negociações com os Partidos em torno de um ''Projeto de Reconstrução Nacional''. Mais conhecido como ''Projetão'', apontava a Constituição como o maior obstáculo ao crescimento econômico e à modernização do país.

Em meados de março a Ministra da Economia declarou aos jornais:

''Os inimigos da equipe econômica não desistiram e continuam ativos: como o Presidente deu sinais claros do meu prestígio, agora estão tentando desestabilizar auxiliares meus.''

Ela parecia estar prevendo as conseqüências de importante medida que tomaria alguns dias mais tarde: a suspensão dos registros de exportação de café. Líderes do setor cafeeiro protestaram, levantando a suspeita de que houvera vazamento de informações, beneficiando alguns exportadores. Imediatamente a Ministra criou uma comissão de sindicância para apurar a denúncia e mandou cancelar os registros pedidos no dia 21 de março, data da medida.

A comissão encerrou os trabalhos em dez dias. Por sugestão da Ministra, transmitida do Japão onde já se encontrava em missão oficial, João Maia, Ministro interino, levou a Collor as suas conclusões.

Naqueles dias Eduardo Teixeira passaria a ocupar o cargo de Ministro da Infra-Estrutura em lugar de Osires Silva — o que representava mais uma vitória da equipe de Zélia.

Ela seguiu para o Japão nos primeiros dias de abril, com Eduardo Modiano, entre outros, a fim de participar da reunião anual do BID, que por pressão dos Estados Unidos deixa de votar a liberação de um crédito de 350 milhões de dólares para o Brasil.

O BID, Banco Interamericano de Desenvolvimento, como o próprio nome indica, foi criado para ajudar os países da América Latina. O empréstimo, que se destinava a obras de saneamento, e portanto de interesse social, foi barrado em defesa do interesse dos banqueiros.

A Ministra foi para a reunião disposta a manifestar o seu protesto. Antes conversou com o Presidente do BID, e pediu a solidariedade de outros Ministros, pois aquele era um precedente alarmante para toda a América Latina. Ao jantar, se viu sentada ao lado de Mulford, Subsecretário do Tesouro Americano, que tentou justificar-se afirmando não ter saído o empréstimo devido a razões burocráticas. Não a convenceu, nem a Pedro Malan, representante do Brasil no BID. Já o Ministro do México se deu por satisfeito, dizendo que neste caso, *pero, entonces*, não faria nenhuma manifestação de protesto em seu discurso.

Quem já foi ao Japão viveu o problema do fuso horário. O meu livro *De Cabeça para Baixo* deve este título ao estado em que fiquei na primeira noite em Tóquio, depois de 25 horas de vôo contra o tempo: o mínimo que eu sentia era o medo de despencar no espaço, ao ver-me de pernas para o ar em relação ao Brasil. Por uma extraordinária coincidência, também fui em companhia do próprio Eduardo Modiano, que certamente estava passando por experiência semelhante, pois quando lhe telefonei falando com sotaque ele acreditou que era um japonês.

Creio que Zélia não devia estar muito melhor, quando ela e Modiano foram chamados à uma hora da manhã para conversar com alguns representantes de outros países e membros de nossa delegação. A conversa, na qual se sentia a influência de Mulford, se prolongou até alta madrugada, sem que tivessem êxito no propósito de convencê-la a mudar o teor de seu discurso.

Que acabou sendo feito como ela pretendia, sem nenhum temor reverencial: ouvido no maior silêncio, e com longos aplausos ao terminar.

Os Estados Unidos nunca perdoaram "aquela mocinha" que lhes passou um pito em público. Zélia e Jório Dauster, a quem cabia negociar a nossa dívida, eram considerados dois ossos duros de roer. Em todas as conversas, ela sustentava uma posição até então inédita nos entendimentos diplomáticos do Brasil com os países desenvolvidos. Os nossos problemas eram muito mais graves e complexos do que eles jamais imaginavam. Os governos militares venderam com grande eficiência uma imagem falsa do nosso país como a "oitava potência econômica". Acreditando ou fingindo acreditar nisso, a comunidade internacional passou a ignorar a existência de milhões de brasileiros consumidos pela fome e pela miséria. Não sabiam ou fingiam não saber que o Nordeste é uma região singular em todo o mundo — a única que apresenta estagnação social e decadência econômica há mais de dez anos, conforme relatório do próprio Banco Mundial.

Certa vez, em Paris, conversando com De Laroisière, Presidente do Banco da França, que nos conhece um pouco mais, Zélia, gracejando, convidou-o para vir com ela ao Brasil, fazer um passeio pelo Nordeste e depois passar uns dias de férias numa favela. Esse tipo de conversa provocava certo arrepio nos próprios diplomatas brasileiros que a acompanhavam: não era da tradição de nossa política exterior falar essas coisas lá fora.

Ela insistia em enfatizar sempre o esforço que o nosso Governo vinha fazendo para pôr o país em ordem, depois de anos e anos de displicência oficial, e, se os Estados Unidos queriam ter-nos como aliados, deviam ser solidários conosco nesta luta. Deixava claro que não era contra os banqueiros internacionais e muito menos contra o lucro, desde que legítimo. Era a favor do consenso, obtido numa negociação sem imposições, em que nenhuma das partes saísse com a sensação de haver ganho mais do que a outra.

AO REGRESSAR do Japão, ela se inteirou do resultado das investigações que mandara proceder nos Estados Unidos sobre o caso da exportação de café, recebendo a lista dos exportadores envolvidos.

Quando viu nela incluído o nome de um amigo pessoal seu, por pouco não teve um colapso. Era enorme a sua decepção: semelhante procedimento poderia expô-la ao vexame de ver questionada a sua integridade moral. Aquilo não mudava em nada a disposição de levar avante as investigações. Pelo contrário: agora é que iria mesmo até as últimas conseqüências.

Levou a lista ao conhecimento do Presidente no despacho habitual de segunda-feira. Sentia-se mal; emocionada, chegou a chorar. Disse-lhe que se ele achasse conveniente, deixaria o Ministério, para que as investigações corressem sem nenhum constrangimento. Collor mandou que prosseguissem, reiterando sua confiança na Ministra. Ela então encaminhou o processo à Receita Federal, ao Banco Central e, por intermédio do Procurador Geral da República, à Polícia Federal, para as necessárias providências.

Não perdeu tempo em desafiar novamente os empresários:

— No ano passado eles mostraram que não sabem se comportar bem com a liberdade total. O controle veio para ficar. Só soltaremos os preços quando atingirmos a nossa meta, que é a estabilidade.

O Ministro Passarinho se manifestou, para surpresa geral, dizendo que só a reforma agrária conteria a onda de violência no Brasil.

À sombra do Presidente Collor, formava-se aos poucos a "República das Alagoas", espécie de Governo Paralelo ocupando postos em diferentes escalões da administração federal. Já controlavam as atividades sociais do Governo, cujas verbas podiam ser usadas em troca de concessões políticas. Zélia não se dispusera (ainda) a enfrentá-los, mas continuava abrindo novas frentes, comprando outras brigas:

— Eu pouco estava me incomodando — informa ela. — Pelo menos enquanto contasse com o apoio e a confiança do Presidente.

Chegou enfim o dia em que esse apoio e essa confiança foram postos em dúvida, em mais um incidente relacionado ao seu caso com Bernardo Cabral.

XXVI

NO PRINCÍPIO do ano, ele lhe havia telefonado da Europa para Angra, graças ao empenho do empresário Nelson Tanure, amigo de ambos, a quem ela havia pedido ajuda. Tratara-a com o carinho de sempre, como se nada tivesse acontecido, o que a deixou atônita. Quando ele regressou, no fim de janeiro, tiveram um encontro.

Agora ela tentava se manter sob controle, sempre meio desconfiada, com o pé atrás. Mas ele enfrentava com categoria aquele novo comportamento:

— Se for preciso eu vou te buscar, te arranco da

mão de quem quer que seja, até na porta da igreja.

Ele próprio, todavia, concordava em que não deviam se expor, principalmente em Brasília. Sendo a casa dela muito visada, combinaram um encontro na casa do Ministro Flores, de quem ambos eram amigos, e cuja mulher estava em viagem. Flores já a visitara, tempos atrás, de camiseta e bermuda, para tomar um uísque com os dois e Eduardo Teixeira.

Assim fizeram, e se a conversa com o dono da casa foi agradável, entre eles próprios nem tanto, pois discutiram e brigaram, ela já nem se lembra a razão.

Lembra-se, e nunca vai esquecer, o olhar do Presidente Collor fixo nela, durante uma audiência, já em abril, e o tom frio de sua voz, chamando-a pelo nome, para surpresa sua:

— Olha, Zélia, eu desisto. Não queria tocar nunca mais nesse assunto com você, mas você me obriga a isso. Espero que seja a última vez. Estou sabendo que você reatou com Bernardo Cabral e é o que está me atrapalhando.

Estupefacta, ela não sabia aonde ele queria chegar.

— Isso mesmo — prosseguiu o Presidente. — Está me criando muito problema. Há dez dias você foi com ele à casa do Ministro Flores.

E contou uma estranha versão do encontro dos dois na casa do Ministro da Marinha, como se fosse uma reunião para conspirar contra ele.

— Mas eu não estou entendendo! — protestou ela. — Esse encontro tem algum tempo já, não foi há dez dias. Não vejo mal nenhum nisso, pois o próprio Flores já esteve em minha casa, e inteiramente à vontade, somos amigos, nos damos bem. Não vejo mal nisso.

O Presidente insistiu, afirmando que não haveria mal se não fosse a casa em que ele vivia com a mulher e por isso "ficou muito exposto" com Zélia e Bernardo Cabral "tratando afetivamente" um ao outro.

Ela não chegou a dizer que a mulher do Ministro Flores não estava presente e que nem tão afetivamente assim eles se trataram. Sem saber o que pensar daquilo, achou mais prudente tentar mudar o rumo da conversa. Falou na questão da Zona Franca de Manaus, que estava na ordem do dia.

Saiu da panela e caiu no fogo:

— Este é mais um problema que você está criando para mim — voltou o Presidente, no mesmo tom. — Todo mundo vai reclamar. O Senador Amazonino Mendes vai dizer que é por causa do Bernardo Cabral. O Egberto, a mesma coisa.

Com a maior paciência, ela explicou que havia um estudo técnico do Ministério a respeito da Zona Franca — e deu-lhe, em linhas gerais, uma idéia da sua posição sobre o assunto.

Saiu arrasada da audiência. A conversa do Presidente não fazia o menor sentido. Percebia no ar algo sombrio, ameaçador. Se conspiração havia, certamente era contra ela.

A ZONA Franca de Manaus foi criada como forma de desenvolver a região. Em 1977 tive oportunidade de conhecer de perto as conseqüências desse desenvolvimento.

No livro *O Encontro das Águas — Crônica Irreverente de uma Cidade Tropical*, procurei descrever a minha impressão, que confesso não ter sido das mais favoráveis. O que testemunhei foi o impacto predatório de uma invasão desordenada da civilização, a ameaça de extinção das lendas, costumes e tradições de uma cultura, o drama do índio nos estertores da agonia de toda uma raça, a vida miserável de populações inteiras sujeitas ao descaso dos poderosos. Mas não perdi a esperança de que a integração da Amazônia ainda viesse a se fazer de maneira harmoniosa, sem que a civilização anulasse sua realidade cultural: como no encontro das águas de seus dois grandes rios.

A preocupação da Ministra da Economia com a Zona Franca se voltava para aspectos mais objetivos. A fabricação de certos produtos era isenta de impostos e havia cotas de importação de determinadas peças estrangeiras indispensáveis que não pudessem ser fabricadas no Brasil. O resultado foi haver surgido em Manaus todo um complexo eletrônico, da maior importância em qualquer economia capitalista desenvolvida, restrito à fabricação de meras capas ou invólucros de peças de fabricação americana ou japonesa.

Para ela, pois, a Zona Franca não deveria existir e, já que existia, deveria se adequar à nova política industrial. Essa não era a maneira de incentivar uma região e desenvolver a indústria de um país.

A nossa Constituição, verdadeira árvore de Natal em

cujos galhos cada constituinte acrescentava um penduricalho de seu interesse, consagrou a existência da Zona Franca como "imexível", para usar o jargão do Ministro do Trabalho. O relator da Assembléia Constituinte, um deputado chamado Bernardo Cabral, vinha a ser justamente a figura exponencial na defesa dos interesses amazonenses.

O novo Governo teve de se conformar em conviver com a Zona Franca de Manaus. Paralelamente, o Ministério da Economia havia lançado, em bases mais amplas, uma nova política industrial e de comércio exterior, que deixara para trás tudo que fora feito até então. Sua maior importância estava em dar agora prioridade ao desenvolvimento industrial baseado na competitividade, sem incentivos fiscais indiscriminados. O nosso parque industrial podia ser o maior da América Latina, e o mais diversificado, mas era atrasado e ineficiente, como de resto toda a economia brasileira. As decisões relativas ao comércio exterior, o programa de abertura ao capital estrangeiro e as demais medidas tomadas causavam grande impacto. O Ministério da Economia pretendia um avanço ainda maior na área da tecnologia e do código de propriedade industrial.

Todo ano a Secretaria a que se subordinava a Zona Franca enviava ao Presidente uma proposta de fixação de cotas de importação de alguns milhões de dólares a ela destinadas. Numa reunião com Egberto Baptista, Secretário do Desenvolvimento Regional, a quem estava afeta a questão, a Ministra propôs:

— Já que temos de conviver com a Zona Franca, vamos fazer uma política correta. Vamos aceitar projetos ou incentivar somente a produção daquilo que for do interesse da política industrial do país.

As indústrias que já existiam e se enquadravam mereceriam tratamento especial. As demais teriam um período para se adaptar:

— Quem fabrica tampinha de caneta que trate de se associar a quem fabrica um produto de interesse para a nossa política industrial, ou não terá incentivo algum.

O Secretário concordou, mas acabou aprovando, sem conhecimento da Ministra, alguns projetos que não obedeciam às condições acertadas entre eles. E mandou, para que ela referendasse, o decreto que submetera ao Presidente, já aprovado, sobre as cotas de importação. Conforme combinado, ela pretendia conceder cotas somente depois de feita a reavaliação dos projetos.

Era uma forma de acabar com verdadeiras falcatruas: constava que as cotas vinham sendo objeto de negociatas e transações — ou simplesmente vendidas. O Ministério da Economia, em conjunto com a Secretaria do Desenvolvimento Regional, pretendia aprovar os projetos que teriam automaticamente suas respectivas cotas asseguradas durante vários anos em orçamento plurianual, e que não dependeriam do humor de quem as distribuía.

A Ministra se recusou a referendar o decreto enquanto não terminasse o estudo dos projetos. Insatisfeito, o Secretário estabeleceu várias cotas por conta própria, através de simples portaria, contra a qual ela mais tarde se insurgiria, por ser matéria de competência exclusiva do Presidente da República.

NAQUELES dias eu iria a Brasília lançar novo livro. Na véspera, meu amigo Luís Mário me telefonou de lá com o seguinte recado:

— A Ministra Zélia não vai poder comparecer ao lançamento porque tem amanhã à noite uma reunião em Belo Horizonte. Me pediu que lhe perguntasse se dá para você e Lygia chegarem em tempo de almoçar com ela.

Fui apanhado de surpresa: as minhas relações com a Ministra Zélia se limitavam ao rápido encontro à porta do restaurante em São Paulo e ao livro que lhe enviara, conforme prometido. E por que Luís Mário?

— Porque eu pretendo comparecer ao almoço — informou ele, rindo. — Ela disse que você poderia levar quem quisesse.

— Você também, cara pálida?

Luís Mário de Andrade Pádua, jovem mineiro do Serro, alto, moreno e simpático, com seu ar de Gary Cooper aos 25 anos, tornou-se meu amigo ao tempo em que era assessor de José Aparecido de Oliveira, quando Ministro da Cultura. Agora chefiava o Cerimonial do Governador de Brasília. Não era, pois, segredo para ele a minha admiração pela Ministra Zélia, da qual evidentemente partilhava. Apesar dos cruzados retidos. Ele e a torcida do Flamengo, como costuma acrescentar Lygia, outra admiradora.

Foi Luís Mário quem nos apanhou no hotel tão logo chegamos a Brasília e nos levou ao Ministério da Economia, onde a Ministra nos aguardava. Tivemos de enfrentar juntos um verdadeiro batalhão de fotógrafos, e foi a minha primeira experiência da polida segurança com que ela os atendia e a seu tempo os dispensava.

Não nos foi dado estar com nenhum membro de sua equipe de economistas, senão vislumbrar Antônio Kandir ao fundo do elevador que a trouxe e no qual permaneceu. Para nossa agradável surpresa, todavia, eram apenas três convidados além de nós — três mineiros e amigos: Luís Mário, Toninho Drummond, da TV Globo, e Jack Correa, da Fiat. Assim, o almoço no próprio Ministério transcorreu agradável e ameno, apesar da frugalidade monacal do que nos foi servido: um franguinho grelhado com legumes, regado a água natural, compota de laranja-da-terra como sobremesa. Nem ao menos goiabada com queijo, como é de gosto dos mineiros. Quando saímos, houve quem sugerisse passássemos no Mac Donald's para comer um hambúrguer.

Fui dizendo logo à nossa anfitriã que eu era um homem feliz, por dois motivos:

— Primeiro, por ter sido convidado para este almoço. Não tenho nada de especial a propor, nem a reivindicar, nem pedido a lhe fazer. Não trago assunto algum de interesse público a discutir, não represento nada nem ninguém além de mim mesmo, e ainda assim estou aqui. Segundo, porque minha mulher partilha da mesma admiração pela senhora. Do contrário, eu não ia me dar bem.

Lygia confirmou a admiração, principalmente pela sua elegância, falando-lhe sobre moda, assunto de que ambas entendiam. A Ministra já sorria, vencendo aos poucos a barreira de uma surpreendente timidez. A conversa prosseguiu em tom informal e descontraído, embora dentro dos limites da cerimônia. Mesmo quando lhe disse, para certa apreensão sua, que tinha, sim, um importante pedido a lhe fazer: não convidasse para almoçar nenhum outro escritor depois de mim, para não diminuir o meu prestígio.

— A não ser o Otto Lara Resende — comentou, rindo, Toninho Drummond.

— Este nunca! — protestei. — A conversa dele é irresistível.

Alertei-a também contra alguém que estava se metendo a engraçado com ela, a pretexto de aproximá-la do Governador Leonel Brizola:

— Esse deputado Miro Teixeira. Ontem mesmo eu falei com ele que fosse baixar noutra freguesia, fosse acender sua vela em outro altar.

Ela só veio a saber que se tratava de meu genro e querido amigo quando lhe disse que alguma ele andou fazendo com Leonora, minha filha, pois ela estava grávida de oito meses.

É claro que esse tom irreverente, quase burlesco, que deliberadamente adotei, à falta de qualquer compromisso oficial, tinha por objetivo introduzir alguma coisa que para mim vinha faltando naquele Governo:

— Nós não somos suíços, nem alemães, para esse comportamento prussiano, duro, frio e sem jogo de cintura. Tem que haver mais simpatia. Um povo já tão sofrido como o nosso não merece esse tratamento. Como dizia meu pai, não se deve aumentar a aflição dos aflitos.

Falei-lhe um pouco sobre seu Domingos e sua filosofia caseira, suas frases e ensinamentos de singela sabedoria. Tudo que acontece tem seu lado bom, dizia ele.

Apesar dos cruzados retidos, ela já tinha cacife para sorrir, e mesmo rir de vez em quando. Eu ficaria satisfeito se conseguisse inocular-lhe algum bom humor.

Ela se justificou, dizendo que se via obrigada a policiar todas as suas palavras. Porque dissera, por exemplo, que o pão de São Paulo era melhor que o de Brasília, só faltou ser exposta à execração pública. Houve protesto das padarias, moção de desagravo do sindicato de padeiros.

— E daí? Devia mais é confirmar, dizendo que aqui em Brasília a senhora está comendo o pão que o diabo amassou.

Naquele mesmo dia, numa entrevista de televisão, me perguntaram se o almoço com a Ministra significava uma adesão ao Governo Collor. Respondi que preferia guardar distância de qualquer Governo, inclusive desse, pois acredito que o escritor deve preservar o direito de se rebelar contra governos, sindicatos, associações, academias ou qualquer instituição que possa tolher a sua liberdade de criar. Sem termo de comparação, o que eu desejava do Governo era o mesmo que pediu Diógenes, quando Alexandre Magno, parado em frente ao tonel onde o filósofo morava, perguntou-lhe o que queria dele, e seria imediatamente atendido: que não me tapasse o sol.

E rendi homenagem à minha anfitriã daquele dia, indagando como poderia nos tapar o sol um Governo que tinha na Ministra da Economia um verdadeiro raio de sol.

Alguns dias depois fiquei sensibilizado ao saber que, naquela mesma data de nosso almoço, ela citou uma frase de meu pai em seu discurso, durante uma reunião à noite com as classes produtoras em Belo Horizonte.

E eu podia me dar por bem pago: a um jornal de São Paulo, quando a acharam diferente e perguntaram o motivo, ela declarou que, depois de ter almoçado comigo, resolvera ser mineira, ter bom humor e ser feliz.

XXVII

O CONFRONTO entre a Ministra da Economia e o Secretário do Desenvolvimento Regional se agravou. Depois de idas e vindas, encontros e desencontros, com a relutante interveniência de Marcos Coimbra, o Presidente ordenou que a portaria ilegal fosse revogada. *O Globo* noticiou a revogação sob o título "Zélia Acusa Egberto de Ilegalidade."

Collor telefonou para a Ministra, agastado:

— Ficou tudo decidido entre nós, como é que isso vazou para o jornal?

Zélia se defendeu: do jornal lhe disseram que Egberto Baptista havia informado, e em termos pouco recomendáveis, que a portaria fora revogada atendendo interesses de Bernardo Cabral na Zona Franca de Manaus. Então ela se viu forçada a dar a verdadeira versão.

Começava a perceber os sinais de uma trama para desestabilizar a sua equipe junto à Presidência.

No final de abril, viajou para Washington com Ibrahim e demais assessores, para negociar a adoção de um programa econômico com o FMI. Conseguiu convencer Nicholas Brady, Secretário do Tesouro Americano, da necessidade de abrir conversações paralelas com os bancos credores e o FMI, em vez de entender-se primeiro com o FMI, como era de praxe.

Recebeu lá um telefonema do Presidente, que lhe disse, depois de algum circunlóquio sobre um assunto qualquer:

— Aquela reunião na casa do Flores não foi muito tempo atrás: tem no máximo vinte dias.

Achou esquisitíssimo — que importância teria aquilo? Alguma história andavam inventando contra ela. Desistiu de entender. Algo tinha se rompido entre eles — já não contava mais com a confiança absoluta do Presidente.

Mas ainda em Washington não pôde ignorar um recorte do *Jornal do Brasil* que lhe chegou às mãos. Era a versão de Egberto Baptista, segundo a qual a portaria fora revogada por iniciativa da Ministra da Economia em atendimento ao deputado (só faltava dizer ao amante) Bernardo Cabral. Dali mesmo enviou ao *Jornal do Brasil* uma carta de desmentido que restabelecia a verdade, fazendo-a publicar como matéria paga também em *O Globo* e no *Correio Braziliense*.

Ao regressar, não encontrou o país vivendo uma situação capaz de deixá-la muito otimista. Em São Paulo, o índice de desemprego atingia a cifra de um milhão. Antônio Ermírio de Moraes, do grupo Votorantim, com o apoio do José Mindlin, da Metal Leve, e Ricardo Semler, da Semco, ameaçava com veemência não pagar mais os impostos:

— O Governo está nos conduzindo para a ilegalidade e a sonegação. O Brasil parou e ninguém mais investe. Eu próprio não tenho mais confiança. Sempre investi tudo que podia, mas agora não invisto mais nada.

Segundo Zélia, sempre investiu com dinheiro do BNDES e correção prefixada de vinte por cento ao ano.

A rejeição ao Plano Collor II nas pesquisas era de 54 por cento. O Presidente, num discurso para dez mil pessoas em Araxá, chegou a falar numa conspiração em marcha.

Mas o que Zélia sentia em marcha, tanto no noticiário dos jornais como nas próprias conversas à boca pequena, eram os indícios — ou o cheiro — de uma "fritura" — como se passara a designar o processo de desestabilização de alguém do Governo pelo próprio Governo.

A República das Alagoas estava em plena atividade. Zélia resolveu promover um ostensivo almoço com Eduardo Teixeira no restaurante Florentino Grill, quartel-general das hostes governistas, tentando desfazer versões que corriam, segundo as quais o Presidente ia fazê-lo Ministro em seu lugar. Ele deixou claro que estava ao lado dela em quaisquer circunstâncias:

— Eu sou Zélia e Zélia sou eu — fez questão de afirmar.

Para chegar àquele grau de mútua confiança, tinham percorrido um longo caminho, desde o leal e sincero coleguismo da equipe nos tempos do Ministro Funaro. Mas a relação entre as pessoas é vulnerável à força corrosiva do poder — às vezes deixando-se imperceptivelmente contaminar pela incerteza, a dúvida, a suspeita. Em outubro, com a crise em que Motta Veiga se envolveu na Presidência da Petrobrás, Collor se lembrou do nome de Eduardo Teixeira para substituí-lo. Consultada, Zélia concordou: embora fosse precioso elemento para ter junto a si, no cargo de Vice-Ministro que então ocupava, entendia que a escolha seria para ela uma prova de prestígio, necessária e oportuna naquele momento. Eduardo Teixeira não entendeu assim: achou que Zélia estava simplesmente querendo afastá-lo. Só recentemente ela veio a saber disso, quando ele lhe abriu o coração numa conversa franca e amiga, e pôde então desfazer o equívoco.

VOLTAMOS a nos ver, num fim de semana em São Paulo. A Ministra nos havia dado seu telefone — Lygia ligou e ela própria atendeu. Fomos almoçar no Mezzaluna, restaurante da sua (e nossa) predileção. Ficava perto de sua casa — poderia mesmo ir a pé, disse ela, não fosse o perigo de alguém agarrá-la pelo pescoço e dizer: "Me dá meus cruzados."

Chegou acompanhada de Robert Ballantine, jovem e simpático escocês radicado no Brasil, ex-marido de sua amiga Marina, que falava português correntemente: vindo servir em nosso país como diplomata, abandonou a carreira para ficar morando aqui.

Ela vestia-se com gosto e simplicidade, como sempre. Desta vez houve um aperitivo: encontrou-nos à sua espera tomando gim-tônica no bar e logo aceitou um.

Comecei por pedir que me permitisse chamá-la pelo nome, ao menos ali, sem maiores formalidades. Afinal de contas, eu tinha uma filha da sua idade.

"E outra da idade de Lygia", acrescentei para mim mesmo.

Falamos no Presidente Collor. Ela se limitou a repetir sua convicção de que ele, a ter que escolher, sistematicamente optava sempre pela defesa de um interesse nacional em detrimento de qualquer interesse pessoal.

— Isto não será uma espécie de obsessão? — perguntei. — Eu digo dele, não sua.

Contei-lhe que conhecera de perto outro assim: o general Juarez Távora, que era uma verdadeira usina cívica. Resolvi ir um pouco além, falando-lhe numa teoria que ultimamente vinha desenvolvendo, à falta de coisa melhor:

— O santo não sabe que é santo. Considera-se o mais miserável dos pecadores. Se soubesse que era santo, deixava de ser, não é?

Daí para baixo, na escala descendente das virtudes

e aptidões, o gênio também não sabe que é gênio: Einstein, por exemplo, se considerava um homem limitado em idéias. Quando visitou o Brasil na década de vinte, Austregésilo de Athayde, então um jovem repórter, lhe perguntou se não costumava tomar notas de suas idéias num caderninho. Ele respondeu candidamente:

— Só tive uma...

Da mesma forma, o homem dotado de inteligência superior deve tê-la o suficiente para reconhecer que não é tão inteligente como os outros pensam. E assim por diante, até chegarmos ao doido:

— Se for doido mesmo, aquele que chamamos de doido varrido, não sabe que é doido.

Jânio Quadros, por exemplo, sabia. Era apenas meio doido, porque se fazia de doido, tirava partido disso. Aliás, para chegar a Presidente, principalmente no Brasil, era preciso mesmo ser meio doido:

— Collor é mais do que isso — concluí. — Ele próprio não sabe. Mas aquele olhar fixo não me engana. Como aquele que pensava ser Napoleão, o Collor pensa que é o Collor.

Antes que ela, acompanhando meu raciocínio, concluísse por ilação que o chato também não sabe que é chato, mudei de assunto. Não sem fazer uma referência a alguns sintomas da não-conscientizada maluquice do nosso Presidente: aquela obsessiva semostração semanal de virtudes cívicas e físicas, hasteando bandeiras e descendo rampas ao som de hinos, usando camisetas com dizeres patrióticos ou edificantes, praticando toda sorte de esportes exóticos e feitos heróicos de super-homem, do *jet-ski* ao vôo em avião de caça.

Passamos a assuntos mais leves. Robert Ballantine contou coisas da Inglaterra e da Escócia. Inspirados pelo seu nome, conversamos sobre destilarias de uísque. Zélia estava de excelente humor. Na véspera havia encerrado uma exaustiva entrevista concedida à televisão, respondendo, quando lhe perguntaram qual era seu plano para o futuro:

— Ser feliz.

Foi um almoço agradável, que se prolongou até cinco da tarde. E nos tornamos amigos.

AQUELA sua disposição de manter certo controle nas relações com Bernardo Cabral não durou muito. Aos poucos ele foi conseguindo impor-lhe sua ascendência e envolvê-la de novo.

Ele lhe dizia, e ela concordava, que antes não teria podido sem mais nem menos sair de casa para viverem juntos, como ela desejava: seria comprometedor para a imagem de ambos como Ministros, daria margem a explorações contra eles.

E ela concordava.

— Temos de fazer as coisas de um jeito que dê dignidade à nossa relação.

Ela aceitou como a mais sensata solução para preservar a sua imagem (era tudo que o preocupava) a idéia de proceder de maneira gradativa: ele abriria um escritório em Brasília, alugaria uma casa para onde se mudaria sozinho. Logo sairiam notas nos jornais — Camargo se encarregaria disso: o ex-Ministro está morando sozinho. Na semana seguinte seria visto almoçando sozinho num restaurante — outra notinha. Com isso as pessoas acabariam concluindo que ele havia se separado, estava vivendo sozinho. No fim de um mês ambos viriam a público e anunciavam que iam se casar.

Não sendo "homem de gastar palavras", como costumava dizer, pôs em prática este propósito, comprando e fazendo instalar no escritório um telefone cujo número só ela sabia. Ligava e ele atendia.

— Esse homem está vivendo só para mim — concluiu.

Logo começaram realmente a sair notas nas colunas sociais do Rio e de São Paulo, insinuando que o ex-Ministro havia se separado da mulher.

Ela não queria se expor. Não queria reatar nas mesmas condições. Alguma coisa dentro de si reagia contra aquela situação indefinida, sem indícios de que se consolidaria como sempre desejou, preservando sua dignidade. Ainda assim, concordou em encontrar-se com ele algumas vezes, como na casa do Ministro Flores. E tinham passado uns dias em Petrópolis, na chácara de Nelson Tanure. A seus olhos, significava um aval a mais de seriedade ao caso, aquele amigo comum, e sua mulher Patrícia, também grande amiga, admitirem a convivência deles com seus filhos menores, que os chamavam mesmo de Tia Zélia e Tio Bernardo. Ela não pretendia passar por puritana, mas afinal, fosse apenas a "amante" de um amigo, os pais não se exporiam assim ao risco de escandalizar as crianças: no dia seguinte esse amigo podia aparecer com outra "titia".

Antes que ela viajasse para os Estados Unidos, ele lhe tinha dito que em maio seria a sua vez de ir até lá para um novo *check-up*. De Nova York seguiria para a França, sempre sozinho. Entraria em contacto com Camargo para ver se ele inseria mais umas notas nas colunas, dentro daquele mesmo espírito: o ex-Ministro foi visto jantando sozinho num restaurante em Paris, foi visto sozinho nos Champs Elysées. De lá voltaria direto para a casa que estava alugando em Brasília — a separação ficaria caracterizada e eles legalizariam a sua relação.

Tudo parecia decidido de pedra e cal. Mas a partir de então os acontecimentos se precipitaram.

XXVIII

ÀS QUATRO horas da tarde de segunda-feira, dia 6 de maio de 1991, na audiência com o Presidente da República, a Ministra da Economia Zélia Maria Cardoso de Mello apresentou-lhe o seu pedido de demissão.

A reação dele foi de surpresa: disse que não era aquela a carta que esperava dela e se recusou a recebê-la. Mesmo obrigado a conceder a demissão, já que o pedido era irrevogável.

A conversa foi intensa e sobrecarregada de emoção, com a solidária estima de um pelo outro, como dois companheiros da mesma luta que ali se separavam.

Nunca foi segredo para ninguém que a Ministra Zélia tinha lá umas superstições. Em seu gabinete havia uma pirâmide de metal e três objetos de cristal, que eram banhados em água e sal para afastar os maus espíritos. Quando lhe perguntei um dia se acreditava em Deus, respondeu que acreditava em divindades:

— Sou muito mística. Muito mágica.

E sempre foi fervorosa adepta da Astrologia. Logo depois que se demitiu, ficou sabendo por João Maia da importante influência da Lua sobre os virginianos naquele mês. Alguém havia levantado seu mapa astral e descobrira que em maio, quando se daria o trígono da Lua (posição de 120 graus em relação à Terra), "se consolidaria a tendência que vinha se manifestando".

Ora, tendo nascido no mesmo dia e ano que João Maia, a previsão servia também para ela: com a demissão, a tendência se consolidava.

Que tendência era essa? Havia razões para demitir-se, a começar pelas de ordem estratégica. Naqueles dias de maio entrara, como se diz hoje em dia, em rota de colisão com a República das Alagoas, na pessoa de Egberto Baptista, seu mais ativo representante, embora tendo nascido em São Paulo.

O Presidente encomendara a ele um plano de desenvolvimento do Nordeste. Egberto elaborou um projeto que na opinião dela nem projeto era. Na reunião dos Governadores do Nordeste, ele apresentou uma tabela de reajuste de vencimentos dos funcionários da Sudene, da qual Zélia já teria tomado conhecimento. A Ministra passou um bilhete para o General Agenor, presente à reunião, informando-o de que não aprovaria algo de cuja existência nem sequer sabia.

Os Governadores haviam feito demandas de curtíssimo prazo, o que era compreensível: assumiram o cargo com as finanças estaduais parcialmente destruídas pelos governos anteriores, em esbanjamentos de dinheiro que tanto prejudicaram o programa econômico. Ela tentara exprimir o constrangimento sofrido pelo Governo Federal procurando atender a cada um: não apenas faltava disponibilidade de orçamento e de crédito, como não se poderia ceder nos pontos que afetassem o programa. Ela se dispunha a fazer o possível, mas era fundamental que fosse elaborado um projeto sério de desenvolvimento do Nordeste, para que no futuro aquela cena não se repetisse. Lembrava que em 1987, ao tempo do Ministro Funaro, aquilo já ocorrera: ela estava então na Secretaria do Tesouro e haviam começado a elaborar um Plano de Saneamento dos Estados que mais tarde foi aplicado pelo Ministro Bresser. E agora tudo se repetia. Sem um projeto para valer, nada seria possível. O último fora feito havia tempos, por Celso Furtado.

Suas palavras não foram bem recebidas pelos Governadores. E muito menos por Egberto Baptista.

Depois foi a vez de Eduardo Teixeira colidir de frente com ele, quando o Presidente pediu sua opinião sobre o projeto que Egberto alegava lhe haver submetido:

— Nunca vi esse projeto.

NO ÚLTIMO sábado, Zélia tivera um encontro em São Paulo com cerca de cem empresários, com quem debateu o programa de competitividade industrial por ela implementado.

Foi o seu último ato público, antes da transmissão do cargo. No sábado, confidenciou a um amigo:

— Vou sair do Governo.

Segundo Collor afirmaria na semana seguinte, havia decidido demiti-la naquele mesmo sábado.

Domingo pela manhã, ela leu nos jornais de São Paulo as notícias de Collor no Triângulo Mineiro, matérias sobre a Zona Franca de Manaus e comentários sobre a queda de prestígio da Ministra da Economia junto ao Governo. Em longas conversas ao telefone, escutou, um por um, os amigos Eduardo Teixeira, Ibrahim, Kandir, Kiko e João Maia:

— O que você está achando?

Todos acreditavam que as notas tinham sua origem no Planalto.

Na viagem de jatinho para Brasília, domingo à noite, já estava disposta a se demitir. Na manhã seguinte, chamou um por um da sua equipe e comunicou a decisão:

— Podemos até superar esta crise, mas logo surgirá outra.

Deixou que ficasse a critério de cada um sair também ou não. E na hipótese, sempre possível, de Collor insistir em que continuasse, só aceitaria se ele se comprometesse a estancar a campanha contra ela, desencadeada por assessores do Planalto.

Fizera a parte que lhe cabia, enquanto lutava contra a inflação e pela estabilização de nossa Economia. Mas o desgaste fora grande. Não tinha condições de lutar com as mesmas armas do novo inimigo, nessa segunda frente que se iniciava. Saindo de campo, pensava ela, dava ao Presidente espaço para, a seu tempo e modo, ele próprio acuá-lo e implodi-lo.

Estaria aberto o caminho para continuar o trabalho iniciado pela equipe econômica, agora em sua nova fase e em outras bases, menos contundentes e mais persuasivas.

Esta postura por ela sugerida era prenunciadora do estilo *soft* que o Presidente viria a adotar, a partir da escolha do novo Ministro da Economia. Ela alimentava ainda certa esperança de que fosse alguém identificado com o espírito de sua equipe. Mesmo não fazendo muita fé, ela esperava ainda que alguma coisa se salvasse.

ENTRE as diferentes versões sobre a demissão que mais tarde circularam, algumas estapafúrdias, prevaleceriam duas que de certa maneira se complementavam.

A primeira, da Ministra e seus assessores, dando-a como ato voluntário, de sua iniciativa: ela chegara à conclusão de que não tinha mais condições políticas de permanecer no Governo. Havia algum tempo que vinha prevendo tal desfecho, já tendo mesmo escrito um esboço do discurso de transmissão do cargo.

A segunda, do próprio Governo, atribuía a demissão a um ato de iniciativa do Presidente, pela mesma razão: não havia mais condições de sustentá-la no cargo.

O que ninguém ficou sabendo é até que ponto teriam influído na disposição (ou indisposição) do Presidente em relação à Ministra os encontros que ele teve em Araxá com Walter Moreira Salles, maior acionista da Companhia Brasileira de Metalurgia e Mineração e Presidente do Unibanco, no qual ocupara o cargo de Diretor um amigo seu, que viria a ser o futuro Ministro da Economia.

Collor insistira até ali em insinuar que Zélia não dizia a verdade, a visita ao ministro Flores não se dera tanto tempo antes como afirmava, mas poucos dias atrás. Que diferença fazia? E que haveria de tão grave assim na visita? Voltava-lhe a sensação de que alguma coisa estavam armando contra ela, e que jamais descobriria qual fosse.

A não ser que aquilo não passasse de complexo de perseguição do Presidente levando-o a entrever graves ameaças à segurança do regime no encontro, em casa de um amigo, de duas pessoas envolvidas sentimentalmente. E encontro perfeitamente civilizado, pois eram educados o suficiente para terem com o dono da casa uma conversa cordial e somente depois passar a seu escritório para um momento a sós.

Mais tarde ela saberia que certos comentários feitos pelos dois sobre problemas do Governo foram levados pelo Ministro Flores,"por uma questão de respeito à hierarquia", ao conhecimento do general Agenor e por este ao Presidente. A questão da data do encontro se ligava à evidência de que Zélia e o ex-Ministro haviam reatado relações recentemente, quando ele teria passado a influir nas decisões relativas à Zona Franca.

No entanto, mesmo no momento da maior crise, que resultara na demissão do Ministro da Justiça, Collor não deixara de dar a ela uma mensagem cifrada de solidariedade e compreensão, dizendo que os ministros eram "seres humanos, com emoções".

Não, aquele caso de amor não influíra na decisão dela. Não decorrera de considerações de ordem política ou moral que acaso houvesse suscitado. Mas pelo menos agora se sentia livre para enfim realizar sem limitações o seu sonho de casar-se, ter filhos e ser feliz para sempre, como no final dos contos de fadas.

A ESPERANÇA é a última que morre. O Presidente lhe pediu prazo para escolher seu substituto.

Ele pensou no ex-Ministro Mário Henrique Simonsen, logo descartado por acreditar que não aceitaria. Cogitou do nome do deputado José Serra, que, sondado, alegou ter de consultar seu Partido, o PSDB, levando Collor a voltar atrás. Passou então a procurar o nome do que ele chamava de um "empresário arejado", fixando-se no de José Mindlin — não para convidá-lo, mas para pedir-lhe uma sugestão. E escolheu o nome que ele sugeriu.

Ao voltar a despacho na quarta-feira, para concretizar seu afastamento, Zélia empalideceu ao ver na antesala, em companhia do Ministro Passarinho, a figura afável e bonachona do Embaixador Marcílio Marques Moreira.

Sua esperança morria ali: e a dívida externa, onde ficava? Collor estaria lavando as mãos?

— Pois também lavo as minhas — decidiu.

Sempre havia sustentado, principalmente durante a campanha, para convencer as pessoas a apoiar o seu candidato, que Fernando Collor era um livro aberto às novas idéias: o que se escrevia nele, se convincente, prevalecia.

Agora a escrita seria outra.

E é chegada para mim a vez de tornar a baixar do astral superior da minha onisciência, como biógrafo de ocasião e testemunha literária da História, para penetrar de novo nos aposentos do Presidente Collor. Imagino a Primeira-Dama reclinada na *chaise-longue*, lendo o romance *A Herdeira*, de Sidney Sheldon, e esperando o marido terminar o último despacho para vir ter com ela.

Vejo-o entrar com seu passo estugado, detendo-se dramaticamente no meio do quarto:

— Querida, imagine: tive de demitir a Zélia.

— Fez muito bem — ouço-a responder. — Já vai tarde. Antes tarde do que nunca. Era ela, ou eu.

XXIX

DURANTE a cerimônia de transmissão do cargo, o Presidente Collor, em sua saudação, deixou passar outra sutil referência de condescendente compreensão para com o caso de amor da Ministra:

— Vossa Excelência revelou que é possível ser firme e até dura, sem abdicar de ser humana.

E ao cumprimentá-la, em despedida, fez-lhe um afetuoso afago na cabeça. Esta simpatia que ele sabia tão bem dosar, manifestando-a no momento oportuno, é que realimentava a tumultuada relação de amizade entre os dois.

Em seu discurso de despedida, depois de confirmar que no dia 6 pedira demissão em caráter irrevogável, ela disse:

— Quero reafirmar minha admiração por Vossa Excelência, meu respeito, meu carinho, minha crença em sua disposição de mudar o Brasil.

Não deixou de fazer um balanço positivo de sua gestão, referindo-se à extinção da ciranda financeira, ao programa de privatização de empresas estatais, ao avanço nas negociações da dívida externa e, o mais importante, aos "inequívocos avanços da sociedade":

— A percepção de que o Brasil descobre que o encontro com a cidadania não é uma dádiva, senão uma conquista que exige esforços e sacrifícios, escolhas, perdas e compromissos. A percepção de que o acerto de contas com o passado é tarefa de uma geração e não de poucas pessoas.

Assegurou que para combater a inflação foram feitas as reformas econômicas mais profundas de que se tem notícia em tempo de paz e em ambiente democrático:

— As dores decorrentes, estas podem ser maiores ou menores, a depender da reação dos beneficiários da inflação: tanto daqueles que ganham diretamente com ela como daqueles que a usam como veículo para a autopromoção e que sempre transformaram a esperança do povo numa frágil aspiração em trânsito para o desencanto.

Fez uma referência às críticas que recebia de personalidades das mais variadas extrações teóricas, políticas e ideológicas:

— Em sua cômoda posição de críticos, ignoram os avanços conseguidos até aqui: subestimam as dificuldades de se gerenciar um País que encontramos aos escombros, prisioneiro de uma gravíssima crise fiscal, de uma profunda crise de crédito, da falta de investimentos.

Por seu lado, criticou os que apresentam sugestões, como propostas de reindexação e dolarização da economia:

— No primeiro caso, reduzem a questão aos segmentos que têm emprego, ignorando os cinqüenta milhões de brasileiros alijados do mercado de trabalho e de consumo. No segundo caso, querem reduzir a economia brasileira ao setor exportador, em um recuo que destruiria as conquistas materiais dos últimos anos em benefício de uns poucos.

Encerrou suas palavras de despedida com uma homenagem à mulher brasileira e agradecimento ao apoio da opinião pública nos vários momentos em que sua vida pessoal foi invadida de forma violenta.

UM AMIGO meu, ex-colega do novo Ministro da Economia, resolveu comparecer à sua posse. E me conta que durante a cerimônia, quando chegou a vez de Zélia discursar, vendo a figura exemplar daquela mulher com voz a um tempo macia e firme se despedindo do Governo, começou a sentir um estranho aperto na garganta. Logo seus olhos se umedeciam e ele se viu envolvido numa onda de incontrolável emoção. Procurou disfarçar, para não ser notado pelos outros homens ao redor, erectos e imóveis, que acompanhavam tudo atentamente. Mas percebeu que vários deles tinham os olhos molhados. O mesmo acontecia no grupo da imprensa, do outro lado — repórteres, fotógrafos, pessoal da televisão: todos comovidos, quase às lágrimas. O próprio Presidente estava visivelmente perturbado. Não conseguindo se conter, meu amigo abriu caminho e saiu do recinto, procurando o toalete. Encontrou outro homem nas mesmas condições, debruçado na pia e enxugando os olhos.

Zélia também chorou. E sua foto chorando foi vista no país inteiro. Não ali, ao deixar o cargo, mas quando recebeu, entre centenas de cartas comovidas, a de Ana Luiza Cunha, uma menina de dezesseis anos, do Rio de Janeiro. Suas palavras exprimiam o que ia naquele instante no coração de milhares de jovens — o temor de que terminasse ali a esperança de melhorar o Brasil:

"Aprendi que nesta vida a gente pode até abrir mão de um cargo de Ministra para não abrir mão daquilo em que acreditamos, daquilo que achamos justo. Você me ensinou a amar a minha terra, que um dia vai ser governada pela minha geração, pelos meus filhos. Você acendeu em mim o patriotismo, a vontade de fazer alguma coisa pelo Brasil. Vai ser difícil te esquecer, Zélia."

QUANDO perguntaram ao Presidente Collor quantos servidores da área econômica deixariam o Governo, solidários com a Ministra Zélia, ele ergueu a mão, mostrando quatro dedos. E manifestou esperança de que pelo menos Antônio Kandir e Eduardo Teixeira permanecessem.

Com esses dois, pediram demissão cerca de quarenta: praticamente todos, com uma ou outra exceção já prevista.

Depois de almoçar com a equipe demissionária, a ex-Ministra não perdeu o bom humor, quando tropeçou ao posar para os fotógrafos e recuperou o equilíbrio:

— Não tem perigo: já caí, não caio mais.

No dia seguinte, sábado, às oito horas da noite, proporcionou-me a grata surpresa de me telefonar já de São Paulo, avisando:

— Veja o programa do Chico Anysio hoje.

— Por quê? Alguma razão especial?

— Uma homenagem.

Imaginei que fosse uma homenagem a ela — não chegou exatamente a explicar de que se tratava. Parecia cansada — ficamos de nos falar depois do programa.

Creio ser dispensável explicar o que vem a ser a *Escolinha do Professor Raimundo*, programa humorístico de Chico Anysio pela TV Globo, com um dos mais altos índices de audiência em todo o Brasil.

Ligo a televisão e em pouco vejo a atriz Nádia Maria dar início à sua fala no papel de Célia Caridosa de Mello, espécie de caricatura da Ministra Zélia, arremedando-lhe gestos e palavras em contorções fisionômicas e cacoetes de linguagem às vezes de grande comicidade. Sua sátira inclui a repetição de uma frase, dita bordão no jargão de TV:

— O povo é só um detalhe.

Hoje, porém, ela vai mais longe, sendo mais curta, ao dizer:

— O povo é só.

Findo o engraçado discurso, Chico Anysio, encarnado no professor Raimundo, também engraçado, conduz a aluna até a porta e torna à sua cátedra:

— A vida é isto: uma eterna troca. Saem uns, entram outros.

Encaminha-se de novo até a porta e dá entrada a uma nova personagem. Trata-se da própria Zélia Maria Cardoso de Mello, até a véspera Ministra da Economia. Passaria mesmo por uma atraente professorinha de escola primária. Seu colega de magistério faz a apresentação:

— A cátedra é sua, professora. Os alunos são seus.

Ela é calorosamente aplaudida por toda a classe, onde se vêem vários artistas conhecidos, nos seus trajes cômicos, satirizando diferentes figuras típicas de nosso povo. Em voz serena, ela se dirige a eles e ao seu mestre:

— Eu queria lhe agradecer, professor, por esta oportunidade de vir aqui tentar explicar algumas coisas que tentei explicar durante todo o tempo e não consegui. Concordo com a Célia: o povo é só. O povo é só e sem voz. É difícil escutar a voz do povo. Mas não é difícil imaginar o que o povo está sentindo. Está passando dificuldades, eu sei. O povo não é só um detalhe. Recebe salário baixo, mora mal, tem dificuldade para pôr o filho na escola, gasta horas e horas no trabalho. Mas isso é o resultado de anos e anos e anos de desmando, de arbitrariedade, de administração errada. E leva tempo para a gente poder consertar tudo isso. Tentei explicar isso o tempo todo, o esforço que nós estávamos fazendo para mudar essa situação. Mas acredito, continuo acreditando que a gente pode mudar. E quem sabe aqui eu consigo ajudar de alguma forma, consigo explicar isso. Consigo explicar todas essas dificuldades e consigo continuar ajudando o meu país. E consigo fazer cada vez mais com que a voz do povo seja escutada. Porque hoje só a voz das elites é escutada. E quando eles vêem que o país está mudando, que se quer mudar o país, eles atacam e nós temos que nos defender. Mas eu continuo otimista, professor. Para lembrar uma frase do pai de Fernando Sabino, por quem tenho uma grande admiração: no fim tudo dá certo. Se não deu certo, é porque ainda não chegou ao fim.

Toda a classe a ouviu em comovido silêncio. A câmera mostra em *close* o rosto tenso de emoção do ator Grande Otelo. Os olhos de Nádia Maria estão molhados de lágrimas. Os demais atores, com sua maquiagem caricata como num circo de Fellini, têm a expressão séria e grave. O professor Raimundo, também sensibilizado, abraça Zélia:

— Espero que este abraço seja recebido como um abraço do país.

Verdadeira onda de comoção percorreu este país. E o fato de ter sido meu nome citado de maneira tão honrosa para mim e para a memória de meu pai fez com que eu, modéstia às favas, partilhasse dessa comoção com lágrimas nos olhos.

Como era de esperar, claro que houve quem a censurasse: uma figura pública de sua categoria aparecer num programa cômico de tão baixo nível! Em vez de se apresentar numa entrevista coletiva a todos os jornais e a uma cadeia nacional de estações de televisão do país, o que certamente seria retumbante, ela preferiu aparecer no mais popular e plebeu dos programas humorísticos.

Somente um momento de extraordinária inspiração levaria alguma figura de tamanho prestígio na nossa vida pública a correr candidamente o risco de se expor ao ridículo, sem nenhum respaldo da mídia, patrocínio ou privilégio oficial, intuindo que estaria falando diretamente ao coração de nosso povo.

Foi num golpe de sorte que professor Raimundo conseguiu levar ao seu programa a versão original de uma de suas alunas. Chico Anysio estava em São Paulo e naquele mesmo sábado, pela manhã, discou o número de telefone que alguém lhe havia dado. Para seu pasmo, a própria ex-Ministra atendeu. Não foi preciso explicar muito: ela entendeu tudo e pediu meia hora para decidir. E meia hora depois concordou em se meter num jatinho que o humorista nem sequer havia ainda conseguido. Teve de apelar para José Bonifácio de Oliveira, o Boni, diretor da TV Globo, que por sorte também estava em São Paulo. Acabaram alugando um jato de porte médio, tiveram ainda de descobrir quem o pilotasse. Embarcaram antes de quatro da tarde, Zélia se fazendo acompanhar de seu fiel amigo e secretário Camargo. Mobilizados pelo telefone, os atores do programa, que já fora gravado, os aguardavam no estúdio com toda a equipe.

Às seis horas da tarde, finda a gravação, Zélia e Camargo foram levados de volta a São Paulo, e ela me avisou ao chegar.

Telefonei-lhe de volta, ainda sob a emoção do programa. Marcamos um encontro na segunda-feira seguinte em São Paulo, para conversarmos. Da nossa conversa nasceu a idéia deste livro.

CHEGAMOS ao seu apartamento às nove horas da noite, conforme combinado. Lygia ficou apreensiva com a completa ausência de segurança visível na rua deserta, além da esperada barreira do interfone na portaria.

— Ela está acabando de chegar — informou o porteiro, controlando o movimento por um monitor de televisão.

Realmente, um carro dirigido por uma mulher acabara de passar por nós, entrando na garagem do prédio.

Subimos no mesmo elevador. Zélia estava inteiramente à vontade, sem qualquer maquiagem, vestida num *jogging* mostarda e com mocassim marrom. Passei-lhe às mãos um imenso cachorro de pelúcia que alguém havia deixado para ela com o porteiro. Já na sala, enquanto conversávamos, ficou longo tempo com ele ao colo, como se fosse uma criança. (Ou um cachorro mesmo.)

Ela havia sugerido que mais tarde jantássemos os três num restaurante ali perto. Pelo sim, pelo não, levei-lhe de presente uma garrafa de uísque — precaução dispensável: ela estava provida neste particular — apesar de relativa desordem, decorrente da mudança recente, com cerca de trinta caixotes trazidos de Brasília (dezessete ainda por abrir). E várias *corbeilles* de flores atulhavam a sala.

Começou por me perguntar que tipo de livro, não sendo escritora, alguém mais poderia escrever sobre sua vida.

— Pelo menos cinco tipos diferentes — respondi.

E enumerei:

O primeiro, um livro sobre sua atuação como Ministra da Economia, com dados técnicos e especializados, que ela própria poderia fazer, assessorada por sua equipe, sujeitando-o apenas a uma ligeira revisão de linguagem, de que a Editora se encarregaria.

O segundo seria um depoimento mais abrangente sobre sua experiência no Ministério e na vida pública em geral, à maneira de reportagem, a ser feita por um jornalista competente, em forma de entrevista gravada e copidescada.

O terceiro, uma biografia na primeira pessoa, tipo americano, escrita por um *ghost-writer*, do gênero "*as it was told*" (como foi contado), geralmente sobre a vida de cantores ou artistas de cinema.

O quarto, uma biografia propriamente dita, do tipo clássico, devidamente documentada, especialidade de um *scholar* ou de um professor universitário.

E finalmente um livro inspirado em sua vida, na terceira pessoa, com dados da realidade complementados pela imaginação, e com tratamento literário, como se ela fosse um pouco personagem de um livro de ficção. A concepção, autoria, direitos e tudo mais seriam do escritor. Este eu poderia escrever.

Pensei em Pirandello quando ela me olhou com ar de personagem à procura de um autor:

— É este que eu quero.

Expliquei-lhe ainda que seria como alguém que se dispusesse a fazer o seu retrato, não como um fotógrafo, mas como um pintor: teria de ser fiel ao original, mas concebido através da inspiração do artista. Ela entendeu e aceitou.

Acertamos nossos planos sobre o livro, que para mim representava uma experiência inédita e excitante. Que romancista teve uma personagem tão expressiva à sua disposição na vida real?

E passamos a outros assuntos, selando com um uísque a nossa florescente amizade. Ela nos falou com entusiasmo sobre o seu novo projeto: o Instituto Brasil.

Lygia ficou encantada com algo que descobria em comum com ela — o interesse pela culinária. Achou invejável a coleção de livros sobre essa arte, na prateleira de um móvel da copa.

Devo dizer, a bem da verdade, que nos três ou quatro dias que mais tarde passei com ela em sua casa, colhendo elementos para o livro, embora almoçasse lá mais de uma vez, não me foi dada oportunidade de conhecer na prática os resultados de seus apregoados conhecimentos culinários. Ao contrário, impressionou-me a sua parcimônia no comer, a partir do café da manhã, que mais de uma vez a surpreendi a tomar, sentadinha num canto da copa, constante de apenas uma fatia de mamão e uma terrina de *corn-flakes*.

Com exceção de um telefonema ou outro, que ela mesma atendia, impressionou-nos vê-la ali sozinha, sem companhia de mais ninguém, e inteiramente à vontade, depois dos momentos tumultuosos que havia vivido nos últimos dias, minuto a minuto.

Era quase meia-noite quando saímos, sem que tivesse sequer ocorrido a nenhum dos três a idéia de jantar.

XXX

ANTES de se afastar da vida pública, ela fizera um ultimato relativo à sua vida sentimental:

— Estou disposta a ficar quieta no meu canto como você pediu, e não ir a lugar nenhum, me afasto dos amigos e até do Modiano, mas só volto para você quando você sair de casa.

Ele reafirmou sua disposição de sair de casa em definitivo na semana seguinte e viajar. Quando voltasse, iria direto morar com ela, seriam felizes para sempre.

— Podemos até fazer o nosso *Cara a Cara*.

Haviam assumido com Marília Gabriela o compromisso de comparecer juntos ao programa da TV Bandeirantes assim que oficializassem sua relação.

Zélia saiu do Brasil na quarta-feira, 15 de maio, dois dias depois de ter estado conosco, para se casar com Bernardo Cabral. Ele já a esperava em Paris, na companhia de Nelson Tanure, com quem tinha relações profissionais e de amizade. Ela ia acompanhada de sua grande amiga Patrícia, mulher de Nelson. Para despistar a imprensa, fez constar que iria a Nova York. Ainda assim, na conexão em Londres, uma repórter do *Jornal do Brasil* a aguardava no saguão do aeroporto, para entrevistá-la. Sentou-se na mala, desanimada:

— Assim não dá. Só saio daqui quando ela for embora.

Teve de esperar meia hora — e ainda foi fotografada com sua amiga à saída. Identificando Patrícia como esposa de Nelson Tanure, a matéria do jornal avançaria pela família Tanure adentro, com pormenores sobre sua vida que nada tinham a ver com Zélia.

Os dois casais passaram quatro dias juntos em Paris. Quando Patrícia e Nelson se foram, Zélia teve os primeiros seis dias da pretendida e esperada lua-de-mel.

Foi talvez o período mais feliz de sua vida. Tudo maravilhoso. Ele contou como havia saído de casa no dia em que ela deixou o Ministério, e como conversara com a mulher, explicando tudo, e como vivera alguns dias de ansiedade esperando por Zélia em Paris. Imaginavam a comunicação oficial que fariam ao voltar, e pensavam na vida que levariam a partir de então. Faziam projetos para o futuro, pensavam no filho que certamente viria breve.

Alugaram um carro, fizeram um passeio até Nancy e Strasbourg. O plano dos dois era ficar na Europa pelo menos um mês.

Ele avisara que teria de interromper a viagem para enfrentar no Brasil um tratamento de dente. Coisa rápida: em três dias, no máximo quatro, estaria de volta. Fariam então um passeio pelo resto da Europa. De fato, ela pôde verificar, ele estava com um dente lhe criando problemas:

— Saio daqui sábado, chego lá domingo, segunda cedo vou ao dentista, pego o avião de volta quarta, no mais tardar quinta estarei aqui com você.

Partiu de Paris com apenas duas malinhas de mão, deixou com ela todas as suas roupas, os lenços e camisas com monograma de que mais gostava. Zélia o levou até o terminal da Air France. Nem bem regressou ao hotel e ele já a chamava do aeroporto, antes mesmo de fazer o *check-in*:

— Já não posso de saudades.

Enquanto aguardava o embarque, voltou a telefonar, lastimando a separação, com palavras cheias de carinho:

— Não sei como vou suportar — ela dizia.

— E eu muito menos. Mas temos de passar por essa purgação.

Nem bem chegou ao Rio, ligou para ela. Na segunda-feira, tornou a ligar para avisar, desolado, que não poderia voltar antes de sexta:

— Não vai dar. O tratamento é mais longo do que eu pensava, o dentista não me libera antes.

Quinze dias depois de deixar o Ministério, a mulher

mais poderosa do Brasil se via sozinha, escondida no quarto acanhado de um hotel de baixa categoria da *rive droite* em Paris. Não ousava sequer sair à rua, ante risco de encontrar brasileiros que a identificassem. E viriam os jornalistas, iam-se a sua tranqüilidade e a perspectiva dos dias felizes que ainda a aguardavam, assim que ele voltasse.

Se voltasse.

Ao terceiro adiamento, começou a duvidar dessa volta. Os dois telefones dele em sua casa no Rio estavam com defeito, nem um nem outro funcionava: os dois de uma vez? E ele ligava todo dia, em horas irregulares, ela no quarto o tempo todo, esperando a ligação.

Silvia, a sua ex-assessora de imprensa, a quem telefonou, lhe falou da nota em uma coluna social, informando que o ex-Ministro Bernardo Cabral estava "passeando de mãos dadas com a mulher em Copacabana, enquanto a ex-Ministra Zélia continuava em Paris". Mais tarde uma revista chegaria a publicar que ele fora visto no cinema Condor, com a cabeça no ombro da esposa, assistindo ao filme *As Coisas Engraçadas do Amor*.

Silvia tomara aquilo como uma intriga da imprensa, pois achava que os dois estivessem juntos.

E Zélia achava que aquela era a sua lua-de-mel.

ANTES que ele partisse, tinham tido uma conversa áspera. Ela sugeria com muito jeito que ele fosse para um hotel, pois se ele estava de fato separado, era preciso dar à opinião pública um sinal inequívoco disso. Ele reagiu com irritação: havia vinte dias que saíra de casa, o filho tinha declarado no jornal com todas as letras que a separação era um ato desleal, estava com o lar destroçado, e ela ainda queria um sinal inequívoco?

— Está bem — tinha concordado, para não brigarem. — Você vai, volta para Paris e a gente anuncia daqui nosso casamento.

— Fique tranqüila.

— Posso ficar confiante?

— Já devia estar desde o dia 8, quando saí de casa.

Agora era Camargo quem ligava para ela de São Paulo:

— O Ministro me chamou ao Rio para conversar.

Ele contara a Camargo que a mulher estava muito mal de saúde, se acontecesse alguma coisa pior iam dizer que a culpa era dos dois. Em suma: precisava ficar mais uns dias no Rio, para deixar aquela situação resolvida antes de embarcar.

Ela não saía do hotel, agora já não mais evitando ser descoberta por algum brasileiro, mas para não ser vista por quem quer que fosse com os olhos inchados de chorar.

Depois de vários telefonemas, nos quais o dentista era novamente invocado por ele como responsável pela demora em voltar, ela resolveu tirar a limpo a situação, ligando para Nelson, seu amigo leal. Sendo também amigo dele, certamente estava a par de tudo. Conseguiu localizá-lo em Belém do Pará:

— Nelson, que está acontecendo?

Ele prometeu que, chegando ao Rio, lhe mandaria notícias. Nesse meio-tempo, Bernardo Cabral volta a lhe telefonar, para dizer que ela era tudo na sua vida.

— Tem alguma coisa de errado nessa história — insistiu ela.

Alguns dias mais tarde, às duas horas da madrugada, é Nelson quem lhe telefona:

— Almocei com ele. Conversamos durante três horas. A situação dele não é fácil.

Falou no que significava para o seu amigo viver aquele problema aos quarenta anos de casado, a mulher zelando por ele o tempo todo. Fora ela quem cuidara de sua mãe doente.

— Nelson, eu vou voltar.

— Não volte ainda, espere. Ele me disse quase chorando que você é a mulher da vida dele, sua alma gêmea. Seja paciente. Você vai se casar com um homem boníssimo, um homem maravilhoso, de caráter.

Contou-lhe ainda que ele havia dito que a mulher estava mal, muito mal, numa ilha em Manaus, teria de ir até lá para vê-la nem que fosse pela última vez, e só de lancha eram três horas até a ilha. Depois ele voltaria a Paris para se casar com ela, esperava oficializar isso breve, eram só mais uns dias de espera.

— Eu vou voltar — repetiu ela.

Houve ainda vários telefonemas, ora de Nelson, ora de Camargo, ora de seu irmão. E do próprio Bernardo Cabral:

— Não posso ir nem sábado nem domingo, só terça. Mas, por favor, compreenda, eu te amo...

Ela desligou o telefone à cabeceira da cama,

levantou-se e foi até a janela. Eram nove horas da noite. Uma noite clara, ainda com manchas do crepúsculo no horizonte — nessa época o sol de Paris se põe bem mais tarde. Mas havia já várias janelas acesas — bem em frente, ao longe, a de uma pequenina mansarda onde não parecia caber ninguém. Pela última vez, ela observava a única paisagem que tivera diante de si durante aqueles dias: os telhados de ardósia com manchas de lodo, em sucessivos planos inclinados se entrecruzando como num quadro cubista. No topo de um deles, recortada contra o céu avermelhado, a silhueta negra de um gato se espichando em câmera lenta, o dorso arredondado, e depois reassumindo a postura normal de um gato. Quinze dias de Paris. Quinze dias de esperança, dúvida, angústia, desespero e de novo esperança. A luz da mansarda lá longe se apagou.

Deixou a janela, olhou vagamente o que restava de uma maçã meio comida sobre a cômoda, mal embrulhada num guardanapo de papel. Lembrava-se de uma noite semelhante, havia séculos, em Londres, a maçã, a solidão de um quarto de hotel. Quase chegou a sorrir pensando naquele tempo.

Mas no espelho sobre a cômoda não viu sorriso algum. Muito menos o rosto de uma menina de quatro anos que conversava com a sua própria imagem: viu os olhos vermelhos logo se embaçarem e as lágrimas escorrendo pela face, a boca crispada. Então deixou-se cair na cama e se entregou ao choro, o corpo sacudido de soluços.

Aos poucos foi-se acalmando, virada de bruços e imóvel, enquanto a noite rolava. Uma noite pontilhada de ruídos espaçados. Passos no corredor. Uma tosse de homem. Uma risada de mulher. O motor de uma moto lá embaixo, na rua. Outra risada. E enfim o silêncio, a escuridão.

Acordou espantada, sem se lembrar onde estava. Sentou-se na cama, olhou o relógio: quatro horas da manhã. No Brasil seriam onze da noite. Resolveu telefonar para quem quer que fosse: ligou para um e outro amigo no Rio e em São Paulo, não conseguiu falar com ninguém.

Tinha a cabeça vazia, sem nenhum pensamento definido. Sentia-se prisioneira de um momento em suspenso, sem passado nem futuro, daqueles que nada prenunciam, como um buraco negro que se abria a sua frente para devorá-la — o escuro total, a negação da vida, o vazio, o nada.

De repente, num relâmpago, tudo se iluminou, e sua consciência foi atingida em cheio pela verdade como por um raio: a compreensão do que se passava se acendeu no seu espírito.

E ela viu com horror o que vinha escondendo de si mesma até então: tudo fora planejado, calculado meticulosamente para enganá-la, tudo representado por um ator de teatro, um profissional da área, mestre na arte de seduzir, ludibriar, fingir, tirar proveito. O prestígio social de ter uma mulher jovem e bonita à sua disposição para quando quisesse usá-la. O prestígio político por ser essa mulher uma figura importante no Governo, o que ele, por si próprio, não conseguiu ser. E disso também tirar proveito. As notas nos jornais, os comentários, o nome sempre vinculado ao dela, sem o quê tombaria no anonimato. Agora, que ela já não era Ministra...

Sim, fora usada por ele, atingida na sua dignidade,

no que havia de mais puro da sua natureza de mulher, que era o desejo de ter um filho. E onde ficara esse filho? Em que arcanos eternos da criação restara esse fruto de seu amor que nunca havia germinado dentro de si? Por que não viera? Se ela era perfeitamente normal como mulher e capaz de gerar filhos? Tudo fingimento, reconhecia afinal com horror: as palavras de ternura, as cartas, os bilhetes de amor, as carícias, a intenção de se casar com ela, os projetos para o futuro, os filhos: tudo mentira, falsidade, farsa, hipocrisia. Horror, horror.

Às seis da manhã, possuída de uma fria e determinada lucidez, ligou para o seu analista em São Paulo. Ele conversou com ela longo tempo, calmamente, dizendo que voltasse, sua hora estaria sempre reservada.

Sentiu então uma súbita paz, pensando que sempre procurara fora de si uma felicidade que talvez estivesse dentro dela.

No último instante Nelson, com a maior boa vontade, ainda insistia em que esperasse:

— Me dá até meio-dia — pediu.

Ao meio-dia ela lhe telefonou de volta:

— E então?

— Inútil — disse ele, desanimado. — Não consigo encontrá-lo.

Ela tomou o avião para o Brasil naquele mesmo dia.

E assim terminou a sua lua-de-mel em Paris.

Desde então, nunca mais o viu.

ERA esse, pois, o segredo da esfinge! Sinto-me perplexo como se tivesse acabado de matar a galinha dos ovos de ouro.

Zélia, uma paixão. Paixão por um homem, pelos homens, pelo ser humano, pelo seu país. A mulher enigmática, hierática, carismática, indevassável, impenetrável, imprevisível, intransigente, inquebrantável, irresistível. Afaste de mim este cálice! Ou então, como no verso de Bilac, que outro, não eu, a pedra corte.

A esfinge simplesmente não tinha segredo, nem era esfinge: era uma mulher de corpo e alma, capaz de amar e de sofrer, um ser humano como todos nós. E nisto residia o seu fascínio.

— Sou uma Cinderela às avessas.

Zélia e seu conto de fadas — a Cinderela cujo encanto termina à meia-noite, sua carruagem com dois cavalos ricamente ajaezados vira abóbora, puxada por dois ratinhos. Sua Alteza Dom Fernando, o Príncipe Valente, encontrou o sapatinho da Gata Borralheira e fez com que ela o calçasse para virar princesa. A Bela Adormecida, a que enfia o dedo numa roca de fiar, dorme cem anos e é acordada com um beijo. Chapeuzinho Vermelho não acredita em lobo mau. Beija um príncipe encantado que se transforma num sapo. E cai nas garras do Dragão da Maldade. Ah, Gustave Flaubert! Zélia não sou eu...

Seu desejo de se casar, ter filhos, ser feliz para sempre. Sua altivez, sua bravura, sua determinação em mudar o país. Mas também sua natureza frágil, romântica, sua sensibilidade, seu sentimentalismo, a música popular, as letras de Caetano e Chico Buarque, Roberto Carlos, o bolero, o tango, a dançarina, a mestra em culinária, a sua casa de bonecas, o seu séquito de primos. E sempre a eterna menina em busca do Pai.

Na curva da estrada, cedo ou tarde, lá estará à sua espera, sentado numa pedra, sem olhos para vê-la nas órbitas vazias, o velho Édipo a quem a esfinge desafiou com seu enigma.

Branca de Neve e os sete anões: os sete soldados de Brancaleone, a equipe de jovens economistas, idealistas, visionários, alquimistas com suas fórmulas mágicas, suas poções de algarismos. Aplique uma cifra de hora em hora. A panacéia universal. A Cabala da Pecúnia, o Karma das Finanças. Keynes, o Bruxo do Número. A Numerologia. A Astrologia, o mapa astral, o cristal, a bola de cristal, a pirâmide de metal. O vil metal: depois de vários dígitos de delfins, simonsens, langonis, bressers, dorneles, campos, maílsons — curandeiros e nigromantes da nossa Economia —, estes eram os novos Magos do Capital, os arautos da Nova Aliança, que iriam nos salvar para sempre com suas rezas e despachos de cifrões: perdoai as nossas dívidas assim como nós perdoamos aos nossos devedores, livrai-nos da inflação, amém.

E de certa maneira nos salvaram, porque não eram deuses nem ídolos de barro para ser adorados. Trouxeram ao novo Governo o lado humano que lhe faltava. Eram feitos da mesma argila de todos nós, pobres mortais, por isso mesmo dignos da misericórdia de Deus Todo-Poderoso. Que para eles não se chamava Collor. E nos deram Zélia, cheia de graça, bendita entre as mulheres.

ASSIM, vamos chegando ao fim deste livro. Levei quarenta dias para escrevê-lo. O que não é nenhuma vantagem: em apenas 52 dias Stendhal compôs La Chartreuse de Parme, *com suas quinhentas e tantas páginas imortais.*

Mas foram quarenta dias de trabalho intenso, aflição, pesadelo, muito esforço e alguma alegria: a de sentir, a cada dia de nosso convívio, que a principal personagem merecia muito mais do que isto.

Baseei-me fielmente nas informações de viva voz ou escritas que ela me forneceu, e submeti o resultado final à sua aprovação. Não ouvi ninguém mais além dela, a não ser ocasionalmente dois ou três amigos seus, mais pelo prazer de conhecê-los e conversar sobre ela. Restringi-me a Zélia: trata-se de sua vida — esta é a sua versão, que só a engrandece, e que procurei respeitar. Outros participantes talvez tenham versões diversas, igualmente respeitáveis.

O livro termina aqui, mas não o romance de Zélia. Ela seguirá o seu destino — confio nisso, com carinho e esperança, desde que os nossos caminhos se cruzaram.

E seja qual for esse destino, para ela também prevalecerão as sábias palavras de meu pai que tão bem soube invocar: no fim dará certo, Zélia Maria! E se não der, é porque ainda não chegou ao fim.

FERNANDO (Tavares) SABINO nasceu em Belo Horizonte, a 12 de outubro de 1923. Fez o curso primário no Grupo Escolar Afonso Pena e o secundário no Ginásio Mineiro em Belo Horizonte. Aos 13 anos escreveu seu primeiro trabalho literário, uma história policial publicada na revista Argus, *da polícia mineira.*

Passou a escrever crônicas sobre rádio, com que concorria a um concurso permanente da revista Carioca, *do Rio, obtendo vários prêmios. Uniu-se logo a Hélio Pellegrino, Otto Lara Resende e Paulo Mendes Campos em intensa convivência que perduraria a vida inteira. Entrou para a Faculdade de Direito em 1941, terminando o curso em 1946 na Faculdade Federal do Rio de Janeiro.*

Ainda na adolescência publicou seu primeiro livro, Os Grilos Não Cantam Mais *(1941), de contos. Mário de Andrade escreveu-lhe uma carta elogiosa, dando início a fecunda correspondência entre ambos. Anos mais tarde, publicaria as cartas do escritor paulista em livro, sob o título* Cartas a um Escritor Quando Jovem *(1982). Em 1944 publica a novela* A Marca *e muda-se para o Rio. Em 1946 vai para Nova York, onde fica dois anos, que lhe valeram uma preciosa iniciação na leitura dos escritores de língua inglesa. Neste período escreveu crônicas semanais sobre a vida americana para jornais brasileiros, muitas delas incluídas em seu livro* A Cidade Vazia *(1950). Iniciou em Nova York o ro-*

mance O Grande Mentecapto, *que só viria retomar 33 anos mais tarde, para terminá-lo em dezoito dias e lançá-lo em 1976 (Prêmio Jabuti para Romance, São Paulo, 1980), com sucessivas edições. Em 1989 o livro serviria de argumento para um filme de igual sucesso, dirigido por Oswaldo Caldeira.*

Em 1952 lança o livro de novelas A Vida Real, *no qual exercita sua técnica em novas experiências literárias, e em 1954* Lugares-Comuns — Dicionário de Lugares-Comuns e Idéias Convencionais, *como complemento à sua tradução do dicionário de Flaubert. Com* O Encontro Marcado *(1956), primeiro romance, abre à sua carreira um caminho novo dentro da literatura nacional.*

Morou em Londres de 1964 a 1966 e tornou-se editor com Rubem Braga (Editora do Autor, 1960, e Editora Sabiá, 1967). Seguiram-se os livros de contos e crônicas O Homen Nu *(1960),* A Mulher do Vizinho *(1962, Prêmio Fernando Chinaglia do Pen Club do Brasil),* A Companheira de Viagem *(1965),* A Inglesa Deslumbrada *(1967),* Gente I e II *(1975),* Deixa o Alfredo Falar! *(1976),* O Encontro das Águas *(1977),* A Falta que Ela me Faz *(1980) e* O Gato Sou Eu *(1983). Com eles veio reafirmar as suas qualidades de prosador, capaz de explorar com fino senso de humor o lado pitoresco ou poético do dia-a-dia, colhendo de fatos cotidianos e personagens obscuros verdadeiras lições de vida, graça e beleza.*

Viajou várias vezes ao exterior, visitando países da América, da Europa e do Extremo Oriente e escrevendo sobre sua experiência em crônicas e reportagens para jornais e revistas. Passa a dedicar-se também ao cinema, realizando em 1972, com David Neves, em Los Angeles, uma série de minidocumentários sobre Hollywood para a TV Globo. Funda a Bem-te-vi Filmes e produz curtas-metragens sobre feiras internacionais em Assunção (1973), Teerã (1975), México (1976), Argel (1978) e Hannover (1980). Produz e dirige com David Neves e Mair Tavares uma série de documentários sobre escritores brasileiros contemporâneos.

Publicou ainda O Menino no Espelho *(1982), romance das reminiscências de sua infância,* A Faca de Dois Gumes *(1985), uma trilogia de novelas de amor, intriga e mistério,* O Pintor que Pintou o Sete *(1986), história infantil baseada em quadros de Carlos Scliar,* O Tabuleiro de Damas *(1988), trajetória do menino ao homem feito e* De Cabeça Para Baixo *(1989), sobre "o desejo de partir e a alegria de voltar" — relato de suas andanças, vivências e tropelias pelo mundo afora. Em 1990 publica* A Volta Por Cima, *coletânea de contos, histórias e crônicas.*

Impresso no Brasil pelo
Sistema Cameron da Divisão Gráfica da
DISTRIBUIDORA RECORD DE SERVIÇOS DE IMPRENSA S.A.
Rua Argentina 171 — 20921 Rio de Janeiro, RJ — Tel.: 580-3668